LIDERAZGO

Mejores habilidades para convertirse en un líder poderoso y motivar a la gente

(Libro de liderazgo para una mejor toma de decisiones y éxito)

Olmo Baca

Publicado Por Daniel Heath

© **Olmo Baca**

Todos los derechos reservados

Liderazgo: Mejores habilidades para convertirse en un líder poderoso y motivar a la gente (Libro de liderazgo para una mejor toma de decisiones y éxito)

ISBN 978-1-989853-57-3

Este documento está orientado a proporcionar información exacta y confiable con respecto al tema y asunto que trata. La publicación se vende con la idea de que el editor no esté obligado a prestar contabilidad, permitida oficialmente, u otros servicios cualificados. Si se necesita asesoramiento, legal o profesional, debería solicitar a una persona con experiencia en la profesión.

Desde una Declaración de Principios aceptada y aprobada tanto por un comité de la American Bar Association (el Colegio de Abogados de Estados Unidos) como por un comité de editores y asociaciones.

No se permite la reproducción, duplicado o transmisión de cualquier parte de este documento en cualquier medio electrónico o formato impreso. Se prohíbe de forma estricta la grabación de esta publicación así como tampoco se permite cualquier almacenamiento de este documento sin permiso escrito del editor. Todos los derechos reservados.

Se establece que la información que contiene este documento es veraz y coherente, ya que cualquier responsabilidad, en términos de falta de atención o de otro tipo, por el uso o abuso de cualquier política, proceso o dirección contenida en este documento será responsabilidad exclusiva y absoluta del lector receptor. Bajo ninguna circunstancia se hará responsable o culpable de forma legal al editor por cualquier reparación, daños o pérdida monetaria debido a la información aquí contenida, ya sea de forma directa o indirectamente.

Los respectivos autores son propietarios de todos los derechos de autor que no están en posesión del editor.

La información aquí contenida se ofrece únicamente con fines informativos y, como tal, es universal. La presentación de la información se realiza sin contrato ni ningún tipo de garantía.

Las marcas registradas utilizadas son sin ningún tipo de consentimiento y la publicación de la marca registrada es sin el permiso o respaldo del propietario de esta. Todas las marcas registradas y demás marcas incluidas en este libro son solo para fines de aclaración y son propiedad de los mismos propietarios, no están afiliadas a este documento.

TABLA DE CONTENIDO

Parte 1 1

Introducción 2

Capítulo 1–¿Qué Se Necesita Para Ser Un Líder Eficaz?....... 4

IDEAS ERRÓNEAS DE LIDERAZGO: 4
CUALIDADES EN UN VERDADERO LÍDER 7

Capítulo 2 - Pensando Como Un Líder................................ 12

INSTINTO DE LIDERAZGO.. 12
FOMENTAR LA QUÍMICA DEL EQUIPO 14
MENTALIDAD DE ESCUCHAR PRIMERO 18
CONCENTRADO EN LAS SOLUCIONES.. 20
SER CONSTANTEMENTE CONSIENTE DE LA HABILIDAD DE CADA UNO 21
SEGUIR APRENDIENDO 24

Capítulo 3 - Comunicando Como Un Verdadero Líder 31

COMUNÍQUESE EN UNA MANERA ORDENADA 31
MODULE SU VOZ 32
CREE PERSONALIDADES DE COMUNICACIÓN 33

Capítulo 4 - Diferentes Tipos De Líderes 36

EL QUE DEJA HACER 36
LIDERAZGO AUTOCRÁTICO 38
LIDERAZGO TRANSACCIONAL 40
LIDERAZGO DEMOCRÁTICO.. 42
LIDERAZGO DE PERSONALIDAD 43
LIDERAZGO SITUACIONAL.. 44

Capítulo 5: Usando Sus Capacidades De Liderazgo Para
Motivar A Las .... Personas

CONVIÉRTASE EN EL MODELO DEL GRUPO................................... 46
ESTABLECER LA CULTURA DEL GRUPO. 47
COMPARTA EL ÉXITO Y LAS RESPONSABILIDADES CON LOS MIEMBROS
DE SU GRUPO. 49
DAR A LAS PERSONAS LA CANTIDAD JUSTA DE LIBERTAD PARA
TRABAJAR 50
SIGA RECORDÁNDOLES PARA QUÉ ESTÁN TRABAJANDO.................. 51
HACER REUNIONES ALTAMENTE PRODUCTIVAS 52
TRABAJA CON LOS MIEMBROS DE TU GRUPO PARA QUE SEAN
MEJORES. 53
MONITOREAR EL PROGRESO Y REPORTARLO 54
DAR CRÉDITO A QUIEN LE CORRESPONDA. 55

Capítulo 6 - Cómo Convertirse En Un Líder 57

APRENDE EL OBJETIVO DEL GRUPO. 57
APRENDA LAS TAREAS BÁSICAS QUE DEBEN HACERSE 58
CONOZCA LOS ACTIVOS DE SU GRUPO. 61
PONGA TODAS LAS PIEZAS JUNTAS. 63
CONOZCA LAS LIMITACIONES 64
ACEPTE LAS COSAS QUE NO PUEDE CONTROLAR............................ 66
ELIMINE LOS FACTORES DE DISTRACCIÓN..................................... 67

Conclusión 70

Parte 2 71

Introducción 72

Capítulo 1 – Los Atributos Clave De Un Súper Líder........... 78

Capítulo 2 Desarrollando Tus Habilidades Gerenciales...... 94

Capítulo 3: Aprendiendo A Comunicarte Efectivamente. 113

Capítulo 4: La Importancia De Entrenar A Otros Y Aprender A Delegar 133

Capítulo 5: Motivarte A Ti Mismo Y A Aquellos A Tu Alrededor. 151

Conclusión 165

Parte 1

Introducción

Quiero agradecerle y felicitarle por descargar este libro.

Este libro contiene pasos y estrategias sobre cómo convertirse en un líder eficaz.

No existe solo un método para volverse un buen líder. Son muchos los factores que se pueden considerar a la hora de examinar su habilidad para liderar. En este libro, consideramos los factores más comunes que influencian su habilidad para convertirse en un buen líder. Discutiremos las características más importantes de un líder como así también los diferentes tipos de liderazgo. Después de considerar las diferencias de cada uno, usted será capaz de elegir el mejor estilo de liderazgo para usarlo en distintas situaciones. Aún más importante, este libro incluye un riguroso método sobre cómo también usted puede convertirse en un líder.

Al seguir las estrategias de este libro, será capaz de guiar a gente de cualquier ámbito, en cualquier situación. Reconocerá el momento indicado para tomar la iniciativa y liderar, incluso en eventos cotidianos de cada día. Este conjunto de aptitudes ayudará a enriquecer su carrera, estatus social y su vida en familia.

Vuelvo a agradecerle por descargar este libro, ¡y espero que lo disfrute!

Capítulo 1–¿Qué se necesita para ser un Líder Eficaz?

Un grupo de personas puede funcionar como una unidad solamente si tienen un líder al cual seguir. No obstante, antes que veamos los detalles sobre cómo convertirse en uno, definamos primero qué es en verdad un líder.

Todos quieren desarrollar cualidades y habilidades de liderazgo pero no todos tienen una idea clara de qué es verdaderamente un líder. De hecho, mucha gente tiene una definición incorrecta de liderazgo. Aquí hay algunas de ellas:

Ideas erróneas de liderazgo:

Una persona con un alto cargo se vuelve un líder

Mucha gente ve a la persona con el cargo más alto en el grupo como un líder. En una oficina por ejemplo, el cargo más alto puede ser el Gerente de sucursal. La persona en esta posición pudo no llegar ahí necesariamente a causa de sus grandes aptitudes de liderazgo. Pudo haber tenido mejores credenciales en comparación con otros aspirantes para el trabajo. Si el gerente fue contratado desde dentro de la compañía, pudo haber sido debido a otras cualidades además de las de liderazgo. La persona en el cargo pudo haber sido el mejor de la sucursal y ser elegido en base a un desempeño que no tenga que ver con el liderazgo. En resumen, gente con altos cargos en una organización o empresa no siempre tienen destacadas cualidades y habilidades de liderazgo.

La persona que siempre habla al grupo es el líder.

La mayoría de los grupos consideran como líder a la persona que siempre está hablando. Sin embargo, este no siempre es el caso. Algunas personas tienen buenas aptitudes para hablar en público pero no son necesariamente buenos líderes. La gente puede escucharlos porque son entretenidos o divertidos pero al final, ellos pueden no hacer caso a lo que éstos digan.

Un líder es mucho más que una posición o un cargo, o alguien con la habilidad de hablar a un grupo de personas. Un líder eficaz tiene las habilidades y cualidades para hacer que la gente los siga. La función más básica del líder es motivar o inspirar a las personas a realizar tareas de manera eficiente con el fin de que el grupo alcance sus metas. Si quiere convertirse en un líder, debe aprender las cualidades que son comunes a los verdaderos líderes.

Cualidades en un verdadero líder

Habilidad para la resolución de problemas

Los verdaderos líderes tienen la habilidad de identificar los problemas con los que se enfrenta el grupo y crear soluciones para estos problemas. Pueden no siempre resolver estos problemas por su cuenta. A veces, pueden utilizar los conocimientos y habilidades de quienes tiene a cargopara resolverlos.

Es común en gente con autoridad el culpar a otros cuando aparecen problemas. Un líder efectivo encuentra al culpable después. El primer objetivo es resolver el problema antes que perjudique al grupo y sus metas.

Un camino para alcanzar las metas

Un líder promueve la obtención de los objetivos del grupo. El afán del líder por llegar a la meta del grupo a menudo viene de un deseo personal de alcanzar sus propias metas. Esta motivación puede ser diferente para cada persona. Una persona puede ser motivada por la idea de ser el mejor en lo que hace, mientras que otra puede ser motivada por la competencia o por una ganancia monetaria.

Usted debe encontrar los elementos que lo motivan a alcanzar sus metas. Recordárselos constantemente lo ayudará a seguir motivado para alcanzar sus metas. Cuando se convierta en un líder, será capaz de transferir su motivación al equipo de personas que lo siga. Al ver su trabajo, ellos también estarán motivados a trabajar duro en dirección a los objetivos del equipo.

Una visión para el equipo

Un líder tiene una visiónconcreta del grupo trabajando eficientemente hacia una meta. Si el grupo es un equipo de baloncesto, la visión del líder puede ser un equipo con múltiples trofeos. Pueden también visualizar al equipo jugando de manera correcta, con una técnica perfecta ymucha práctica reflejada en su forma de jugar.

El líder nunca abandona esta visión. Algunos miembros del grupo pueden perder de vista algunas cosas en el camino, pero el líder debe permanecer firme. Es importante para el líder crear métodos sobre cómo mantener esta visión en su mente y cómo comunicarla al equipo.

Una idea ordenado de los procesos y acciones

El líder debe ser capaz de tener una visión global del recorrido del grupo hacia sus metas. Para la mayoría de las personas, la tarea de alcanzar metas importantes puede ser abrumadora. El número de factores que potencialmente pueden afectar a los resultados puede confundir hastaa las personas mas brillantes. Un líder eficaz mantiene todo organizado, siempre sabiendo dónde se encuentra el equipo en su camino, y qué se necesita hacer para llegar a la meta.

Experiencia en la industria

Un líder de verdad no puede convencer a otros a seguirle si no tiene mucha experiencia en la industria donde lidera. Por ejemplo, un entrenador de baloncesto no ganará fácilmente el respeto de sus jugadores si no tiene mucha experiencia jugando o dirigiendo. Incluso aunque tenga buenas ideas sobre cómo mejorar el grupo, los jugadores pueden no hacer caso a lo que dice.

Si se quiere convertir en un gran líder, debe empezar por ganar experiencia en el ámbito donde quiere liderar. Mientras más tiempo y esfuerzo invierta en esta industria, tendrá mas credibilidad.

Humildad

Muy posiblemente la cualidad mas importante que puede tener un líder es la humildad. No el tipo de humildad exterior que expresamos para no parecer engreídos, sino mas bien una humildad interior. El reconocer y aceptar que no lo sabemos todo y hay algo paraaprender de cada situación, consejo, conferencia, etc.

Un líder de verdad acepta comentarios de otros, los evalúa sin importar la posición que tenga quien los brinde. No lo hace porque piense que la otra persona sea mejor que él, sino porque por la mas mínima posibilidad que algo pueda ser aprendido de ello, valdrá la pena.

Capítulo 2 - Pensando como un líder

Muchas de las tareas que un líder debe realizar, pasan primero en su mente. Para convertirse en un líder eficaz, debe aprender a pensar como un líder:

Instinto de liderazgo

Un líder sabe cuándo liderar y cuándo seguir. La mayor parte de la gente que es muy impaciente para ser el líder del grupo, a menudo se crean la imagen de tener hambre de poder.

Necesita esperar el momento indicado paraasumir un cargo de liderazgo. Si llegaa un puesto formal de liderazgo, puede empezar a trabajar de inmediato en conseguir lo que le hace falta para dicho cargo. Aunque hay veces en las que una persona quien no está en una posición de liderazgo debe dar un paso adelante y dirigir. Esto puede ocurrir cuando la persona con el rol de líder prueba ser incompetente. En este caso, este líder no sera capaz de guiar las acciones de los miembros del equipo paraalcanzar las metas del grupo.

Si este es el caso, debe evaluar si sus capacidades y cualidades coinciden con los mencionados en el primer capítulo. Si es así, debe tomar la iniciativa y asumir el rol de liderazgo por el bien del equipo y sus metas. Tome la responsabilidad de motivar al equipo a trabajar en busca de las metas en vez de depender en una persona incompetente en una posición de poder.

Cuando usted toma un rol de líder de manera proactiva, necesita usar sus instintos para evitar ofender a la gente en la posición de liderazgo. La mayor parte del tiempo, las personas naturalmente aptas para ser líderes hacen sentir amenazadas a los demás. Por ejemplo, en una compañía, si usted es carismático y fácil de agradar, mientras que su gerente no lo es, eventualmente él puede sentir que usted está tras su puesto. En este caso, su destreza de liderazgo vaa jugarle en su contra.

Debe usar sus instintos para, de manera precisa, predecir si su jefe se sentirá amenazado cuando usted asuma el rol de liderazgo. Si este fuera el caso, es sabio ser discreto a la hora de usar sus aptitudes de liderazgo. Es muy importante garantizarle a su jefe que su única preocupación es asegurar que el grupo alcance sus objetivos.

Fomentar la química del equipo

Para ser un líder eficaz, necesitaasegurarse que haya química en el funcionamiento del grupo. La química grupal se refiere a la eficacia de cada individuo al trabajar en grupo. Si el grupo tiene la química correcta, los resultados serán obtenidos en colaboración: alcanzar objetivos que no serían posibles si se trabajan de manera individual.

Muchos factores pueden desequilibrar la química del equipo. Uno de los más importantes es la relación entre los miembros del equipo. Si los miembros están peleando constantemente, estarán lejos de trabajar juntos de una manera efectiva. El entorno social es suficiente para distraerlos. Entonces es la responsabilidad del líder del equipo el observar las relaciones entre sus miembros. El líder puede proveer consenso entre las partes en disputa paraaliviar la tensión. No obstante, los miembros del equipo probablemente tomaran este 'consenso' de manera efectiva si anteriormente han establecido respeto por el líder.

El líder también debe asegurarse que el equipo tenga un objetivo en común y vigilar cualquier distracción de éste. Si una sola persona esta distraída, esto puede arruinar la química de todo el equipo.

En la mayoría de las tareas que requieren esfuerzo de equipo, la sincronización es un factor importante. En el fútbol americano por ejemplo, el trabajo del quarterback es hacer sus pase en el momento correcto. Al mismo tiempo el receptor debe correr a la velocidad adecuada para ser capaz de atrapar el balón. El quarterback puede perder su oportunidad de pase y decidirse por una jugada menos efectiva. Si el receptor esta distraído, puede que no corra lo suficientemente rápido paraatrapar el balón o hasta puede cometer algún error. Si cualquiera de los dos esta distraído de alguna forma, habrá una falta de química en la jugada y esta fallara. Es la tarea del entrenador la de asegurarse que todos los jugadores del equipo estén en la misma sintonía.

La sincronización es un factor importante también en el mundo de los negocios. En un simple restaurante por ejemplo, debe existir comunicación entre todos los empleados paraasegurar que todas las órdenes de comida sean llevadas a cabo en su debido tiempo. Sin comunicación entre el cocinero, los meseros y los demás, algunas ordenes se pueden demorar. Si un mesero no esta concentrado en lo suyo, puede ser que no entregue las ordenes de comidaa tiempo. Si el cocinero esta distraído puede tardar mucho en preparar la comida, o incluso cometer errores en la cocina. Es el rol del gerente asegurarse que todos estén concentrados en las tareas necesarias.

Si cada miembro esta concentrado en su propia tarea, habrá química en el equipo.

Los miembros serán capaces de permanecer concentrados si son conscientes de cuan importante es su rol en la contribución del éxito del equipo. Si no creen que tienen un rol importante en el grupo, no se esforzaran al cien por ciento en su tarea. Es el trabajo del líder comunicarse de una manera efectiva con los miembros del equipo paraasegurarse que tienen la mente puesta en el lugar correcto.

Mentalidad de escuchar primero

En primer lugar, un líder trata de entender cadaaspecto de una situación antes de actuar. Por ejemplo, cuando existe un conflicto entre dos miembros del grupo, el líder no escoge un lado. Primero debe escuchar a las dos partes para tomar una decisión. Solo entonces el conflicto se resuelve.

Un líder eficaz toma laactitud de escuchar primero en todas las situaciones. Cuando un líder es nuevo en su posición, no realiza ningún cambio inmediato sin consultarlo con el grupo. Cuando todos dieron su opinión el líder tomará decisiones importantes.

Antes de implementar cualquier cambio importante, un buen líder primero busca las opiniones de quienes serán mas afectados por los cambios a realizarse. También puede buscar consejo de terceros expertos para tener una perspectiva diferente de la situación a manejar. Esto ayuda a prevenir que el líder tenga una visión de túnel. En un estudio de productividad, se encontró la visión de túnel ocurre cuando un individuo esta tan concentrado en el proyecto que puede ignorar el hecho de que algunas soluciones requieren de un pensamiento fuera de la caja.

Concentrado en las soluciones

Los líderes eficientes tienen una mente puesta en la solución. Cuando hay una meta, tratan de encontrar la manera mas dinámica paraalcanzarla. Si hay limitaciones que evitan al grupo alcanzar el objetivo, el líder identifica inmediatamente el problema y trata de resolverlo de la manera mas eficiente.

Hay muchas cosas que distraen a los líderes que son incompetentes. Algunos se esfuerzan en echar la culpaa otras personas en un intento de quedar bien con su supervisor. Otros buscan distracciones para evitar tener que lidiar con el problemaal que se enfrentan. Al hacer esto pierden tiempo priorizando tareas menos urgentes o menos importantes.

Un buen líder no hace ninguna de estas cosas. Su primer pensamiento al oír de un problema es buscar una solución. Para los líderes de verdad, no hay tarea mas importante que la que es de ayudaal grupo paraalcanzar su objetivo de forma eficiente.

Ser constantemente consiente de la habilidad de cada uno

Los líderes son básicamente administradores de capital humano. En economía, el capital humano se refiere a las habilidades y conocimientos de los trabajadores que ayudan a llegar a la meta. Un líder debe ser consiente de lo que sus seguidores son capaces de hacer. Debe estar constantemente observando a los miembros del grupo en busca de talentos y habilidades desconocidas.

Entonces el líder debe decidir dónde usar esas habilidades y conocimientos para que el grupo alcance sus objetivos. Es importante que el líder tenga una mente abiertaa la hora de buscar talentos ocultos en las personas. Debe creer que cada persona es excepcionalmente inteligente para ciertos aspectos.

En un salón de clases por ejemplo, el profesor es tomado como el líder del grupo. El profesor debe inspirar y motivar a los estudiantes aalcanzar su máximo potencial académico. Mas importante, es su trabajo prepararlos para un empleo o para seguir educándose. Muchos profesores que no son buenos líderes se esfuerza menos en enseñar a los estudiantes a los cuales no les va bien en clase. Se concentran en los estudiantes que que tienen un buen rendimiento.

Un mejor profesor enfrentaría el problema con una mentalidad de líder. No ignoraríaa los estudiantes con bajo rendimiento. En lugar de etiquetarlos como no inteligentes, asumiría que sus aptitudes y talentos están en otras áreas de la vida que no se relacionan con los temas de su clase. Un estudiante con bajo rendimiento en su clase de matemáticas puede ser bueno en estudios de lengua. Un estudiante a quien no le va bien en física puede tener talento en áreas de ciencia o informática.

El profesor que piensa como líder, hace su mejor esfuerzo en descubrir los talentos ocultos en los estudiantes y los alientaa seguir carreras relacionadas con sus habilidades.

Los líderes en otras organizaciones también hacen lo mismo. Incluso desde antes de estar en un rol de liderazgo, observan a las personas, las fortalezas y debilidades de cada uno. Cuando el líder asume su rol, usa su conocimiento de las habilidades de cada persona paraayudar al grupo a trabajar en dirección a la meta sin muchas complicaciones.

Seguir aprendiendo

Un líder acepta que siempre se puede mejorar. No dejan que los éxitos del pasado alimenten su ego. Paraasegurar que estas habilidades de liderazgo permanezcan firmes, un líder busca constantemente oportunidades para ganar conocimiento, experiencia y nuevas habilidades.

Existen muchas formas por las que alguien puede mejorar sus habilidades de liderazgo. Algunas consisten en:

Encuentre sabiduría en los libros

Puede aprender sobre liderazgo al leer libros como este. Libros sobre autocrecimiento proporcionan información confiable para empezar su camino hacia convertirse en un líder.

Puede que no use toda la información de un libro, pero si se obtiene incluso un poco de información o alguna técnica nueva, usted sera mejor de lo que eraantes. Los libros al menos le señalan la dirección correcta.

Cuando lee sobre liderazgo, a veces puede encontrar información importante y no estar preparado aún paraaprenderla. A veces, sin querer tildamos esta información de no ser importante. Sin embargo, al leer cierto material muchas veces, se puede descubrir el valor de la información. Haciendo una colección de sus libros de liderazgo favoritos y explorarlos en su tiempo libre es una forma excelente de estar en lo mas alto. Volver a sus libros favoritos puede sacar información que puede serle útil en su situación actual.

Encuentre un mentor y sígalo

Una de las mejores maneras para que los principiantes obtengan habilidades y experienciaadecuadas es seguir a un mentor. Encontrar a un mentor no es siempre fácil, pero definitivamente vale la pena. Esta es una persona que ha tenido éxito en el área de trabajo que usted desea realizar. Su mentor debe tener las cualidades que usted desea obtener. Si quiere convertirse en un líder carismático, debe buscar una persona carismática de la cual puedaaprender.

Al trabajar y aprender con un mentor, una persona sera capaz de aprender la mejor forma de ser un líder en la industria. Podrá aprender nuevos conceptos al instante, los cuales por su cuenta podrían llevar una gran cantidad de pruebas y errores. Ahorrara una gran cantidad de tiempo evitando malos hábitos.

Una buena regla para seguir a la hora de encontrar al mentor adecuado es la regla del 10%. Esta es, encuentre una persona con la cual usted estaría satisfecho con tener el 10% del éxito que aquella persona haya logrado y siga cada cosa que le aconseje.

De gran manera despreciamos consejos que otros tienen para ofrecernos. Es verdad que la mejor manera de aprender es a través de los errores, pero nadie dijo que tienen que ser los nuestros.

Participe

Otra manera de mejorar sus habilidades de liderazgo es participar en actividades nuevas que ayuden a ganar experiencia. Muchas personas evitan las tareas mas difíciles en la empresa. Estas personas hacen la mínima cantidad de trabajo posible esperando un cheque al final de cada semana. Con esta mentalidad nunca se volverán líderes. Si usted quiere convertirse en un líder en su empresaalgún día, debe hacer frente a las tareas difíciles en lugar de esconderse de ellas. Cuando sus jefes vean que pueden confiar en usted con tareas que la mayoría de la gente evitaría, es mas probable que lo tomen en consideración para futuros ascensos.

También resulta beneficioso buscar experiencia en lugares fuera de su lugar de trabajo. Puede hacer voluntariado en organizaciones sin fines de lucro en su tiempo libre. Haciendo esto, puede observar cómo funcionan otros grupos, aprendiendo metodologías adicionales de liderazgo distintas de las de su compañía.

Por último, usted debe ser el primero en dar un paso adelante cuando se requiere un líder. Incluso en un grupo informal debe tomar la iniciativa cuando le parezca que se necesita un líder. Digamos que se encuentra de campamento con unos amigos. Tan pronto llegan al lugar, inmediatamente todos se ponen a explorar sin preparar el campamento.

Diferentes tipos de personas reaccionan de diferentes maneras en esta situación. Algunos se enojan porque nadie hace nada. Algunos hacen todo el trabajo esperando que los otros miembros del grupo se inspiren para trabajar.

En vez de enojarse o hacer todo el trabajo por su cuenta, lo mejor es llamar a todos a una reunión. Entonces debe pedir voluntarios para las tareas que se necesitan realizar. Al buscar activamente experiencias en liderazgo, podrá practicar en un ambiente informal. Esto le ayudaraa convertirse en líder cuando no tiene un título profesional que lo respalde.

Comparta su conocimiento

Puede olvidar muchas aptitudes que gane si deja de practicarlas. Debe recordarse a usted mismo constantemente las importantes lecciones que aprende a través de su carrera. Una de las mejores manera de hacerlo es compartiendo su conocimiento con personas que lo admiren.

Cuando se convierta en un mejor líder, algunas personas lo verán como un mentor. Debe aceptar estas ganas de aprender pasando sus conocimientos cuando sea necesario. Haciendo esto, usted estará creando nuevos líderes. Ver a estos futuros líderes actuar refrescara su memoria y mantendrá sus habilidades en liderazgo consolidadas. Si posee la compañía, también sera capaz de formar futuros líderes para contribuir al mejoramiento de su compañía.

Capítulo 3 - Comunicando como un verdadero Líder

Tener buenas habilidades de comunicación es obligatorio si quiere convertirse en un líder. Tener esta herramienta mejorara en gran medida su habilidad para motivar e influenciar a otros.

Comuníquese en una manera ordenada

Debe asegurarse que la información presentada esté organizada. Aún si tiene aalguien que escriba sus discursos por usted, sería prudente examinarlos. Esto garantizara que quienes lo escuchen entenderán lo que usted esta diciendo.

Existirán muchas ocasiones en las que necesitara comunicarse con el grupo. Antes de cada reunión debe organizar mentalmente todos los temas que vaa tratar. Si tiene problema recordando alguno de estos asuntos, debe escribirlos. Ademas, trate de evitar desviarse de los tópicos preparados. Todos estos pasos pueden parecer innecesarios, pero garantizan que en la reunión no surjan inconvenientes.

Module su voz

Una voz modulada de forma correcta puede ser un valioso recurso para los líderes. Por si no lo ha notado, usualmente los presidentes tienen una voz profunda. Incluso las mujeres que se presentan como candidatas intentan hablar de la misma manera. Usted debe modular su voz de la misma manera si quiere convertirse en un buen líder. Debe practicar hablando con una voz ligeramente mas profunda, pero que al mismo tiempo suene fuerte y seguro. A pesar de que tener esa cualidad al hablar puede ser bueno, si trata demasiado hacer sonar su voz de esta manera puede sonar de una forma poco natural y terminar siendo poco efectivo.

En general, la gente asocia una voz profunda como una característica de liderazgo. Debe usar esta voz cuando hable en público. Usarla en el contexto adecuado creara una imagen de autoridad.

Cree personalidades de comunicación

Hay momentos en los que debe mostrarse como unaautoridad y momentos en los cuales debe mostrarse como un amigo frente a las persona con las que interactúa. Como el jefe de la compañía por ejemplo, puede necesitar mostrarse de un humor alegre hace frente a inversores y clientes de la compañía. A la horade corregir el trabajo deficiente de un empleado, necesitaadoptar un gesto mas serio.

Un líder necesita crear personalidades paraadaptarse a esta situaciones. La mayor parte de los líderes desarrollan estos personajes durante toda una vida de experiencia. Es posible crear estas personalidades a conciencia mediante la practica.

Usted debe, por lo menos, tener una personalidad feliz y una seria. Su cara debe cambiar por completo con estas personalidades. Puede sonar extraño, pero una manera eficaz de crear estas caras es cambiar sus expresiones faciales frente a un espejo. Esto es importante, porque si lo hace de una manera incorrecta fallara en crear una expresión convincente.

Cualquiera puede fingir una sonrisa para parecer feliz, pero son los ojos los que muestran las verdaderas emociones. Cuando se encuentre practicando debe asegurarse de que su cara coopere en su totalidad. Debe ser capaz de hacer que sus ojos luzcan felices a voluntad.

También debe practicar su expresión seria. Esta personalidad entrara cuando usted esté dando instrucciones y órdenes importantes a la gente que lidera. Algunas personas tienen expresiones faciales felices de manera natural. Esto no siempre es malo, pero al momento de ser serios, tener expresiones faciales felices puede dar la impresión de ser alguien de quien se pueden aprovechar. Como con su cara feliz, su expresión seria se reflejara en sus ojos.

Capítulo 4 - Diferentes tipos de Líderes

Existen muchos estilos de liderazgo. En esta situación, discutimos algunos de los más comunes.

El que Deja Hacer

Este estilo de liderazgo permite a los empleados o miembros del grupo hacer lo que les plazca. Esta forma de liderazgo requiere poco tiempo del líder. Debido a que los miembros no reciben suficiente supervisión de sus superiores, los que tienen un desempeño deficiente continuarán de esta manera. No están recibiendo los comentarios necesarios para mejorar sus acciones.

Esta forma de liderazgo también sufre en proyectos a largo plazo. Cuando el proyecto demore más de lo esperado, la moral del grupo se verá afectada. Ya no estarán motivados para trabajar.

Debido a que el líder no presta atención a las acciones de los miembros, el uso de los recursos tampoco se regulará. Nadie está controlando el panorama general del proyecto ni monitoreando los factores que importan, como la producción de los miembros y los recursos utilizados por la operación. Esto resultará en una ineficiencia e incluso en el fracaso del grupo para alcanzar sus metas.

Este no es el estilo de liderazgo ideal para la mayoría de las situaciones. Sin embargo, debido a que usted está desarrollando sus habilidades de liderazgo, debe identificar a los líderes de este estilo a su alrededor. La mayoría de las personas en una posición de liderazgo, sin las habilidades requeridas, por lo general terminan realizando este estilo de liderazgo.

Cuando se encuentre trabajando para un líder de este tipo, debe asumir proactivamente algunas de las tareas de liderazgo. Debido a que no está en la posición para liderar, no podrá obligar a los miembros a hacer lo que usted diga. Sin embargo, podrá realizar algunas de las tareas que el líder no está realizando.

Por ejemplo, puede asumir la tarea de controlar la productividad de los miembros y el uso de los bienes. Luego puede hablar con los miembros que se están desempeñando de unamala manera sobre cómo pueden mejorar sus habilidades. De esta manera, podrá motivarlos a hacer un mejor trabajo.

Liderazgo Autocrático

Un líder autocrático, por otro lado, lidera sin considerar las opiniones de los demás. Este tipo de líder toma todas las decisiones. Los líderes adoptan este tipo de liderazgo cuando son demasiado impacientes para considerar las ideas de otras personas. La mayoría de los líderes que usan este estilo de liderazgo generalmente tienen una fuerte personalidad. También pueden tener dificultades para confiar y comunicarse con los miembros de su grupo.

Este estilo de liderazgo se vuelve exitoso si el grupo tiene un líder excelente. Si el líder usa este estilo todo el tiempo, necesita tomar las decisiones correctas para que el grupo alcance sus metas. Si el líder elige constantemente la decisión equivocada, el rendimiento del grupo se verá afectado.

Este estilo de liderazgo también disminuye la contribución de los miembros creativos. A las personas creativas generalmente no se les permite seguir estrategias que creen que son mejores que las que se están implementando. Estas personas pueden sentir que su potencial no está siendo plenamente aprovechado por el grupo. Como resultado, pueden estar descontentos con el proceso y pueden sentir la necesidad de abandonar el grupo.

Liderazgo Transaccional

Este estilo de liderazgo se basa recompensas y castigos para motivar a las personas a trabajar. Los miembros del grupo estarán motivados para trabajar si las recompensas por las que están trabajando son importantes para ellos. Al mismo tiempo, intentan evitar sufrir los castigos.

La mayoría de las empresas trabajan de esta manera. Recompensan a los empleados que trabajan bien con bonos y promociones. También puede haber premios que demuestren las excelentes habilidades y el rendimiento de la persona. Los castigos suelen ser en forma de degradaciones.

Este método es efectivo cuando los miembros del grupo ponen un alto valor en las recompensas. Si no consideran que las recompensas son valiosas, no estarán motivadas a trabajar más duro para lograrlas. También deberían temer el castigo. El miedo al castigo debería hacer que trabajen más duro.

El líder también debe asegurarse de que las reglas para otorgar recompensas y castigos no puedan ser burladas. Si los miembros piensan que el sistema no es justo, ya no participarán en el proceso. Solo funcionarán sin considerar el sistema de castigo y recompensa.

Este método de liderazgo se vuelve ineficaz si el sistema de dar recompensas no es sostenible. Si la organización pierde la capacidad de dar valiosas recompensas, los miembros del grupo ya no seguirán al líder.

Liderazgo Democrático

En contraste con el estilo de liderazgo autocrático, los líderes democráticos permiten a los miembros del grupo participar en el proceso de toma de decisiones. La mayoría de los líderes de este tipo, permiten a los miembros que se verán afectados por la decisión de hacer lo que sea necesario.

Este estilo de liderazgo tiene éxito solo cuando hay tiempo suficiente para tomar una decisión. Informar a todos los miembros de la organización acerca de la decisión y solicitar su opinión requiere mucho tiempo. Los líderes no siempre tienen el lujo del tiempo.

Sin embargo, este estilo de liderazgo saca a relucir lo mejor entre los miembros creativos del grupo. A veces, los miembros del grupo tendrán mejores ideas que el líder. Un líder democrático reconoce esto al permitir que las personas expresen sus ideas.

Esta forma de liderazgo también es importante si hay grandes cambios en el grupo o en la organización. Si las decisiones que se tomen afectarán a los empleados o los miembros del grupo, se sentirán indiferentes si no se escuchan sus opiniones. Debido a que los líderes democráticos consideran sus aportes, este estilo de liderazgo les permite a los miembros aceptar mejor el cambio.

Liderazgo de Personalidad

Algunas personas lideran a través de su imagen y personalidad en general. Utilizan su reputación en el grupo para motivar a las personas a trabajar. Esta es también una forma efectiva de liderar. Los políticos, por ejemplo, diseñan toda su personalidad para que parezca agradable a un gran número de personas. Esto permite a los presidentes ganar las elecciones nacionales y motivar a todo un país.

También debe tratar de mejorar su imagen general y su personalidad para que sea agradable a los miembros de su grupo. Puede ajustar su personalidad pública para crear una buena impresión en las personas que conoce. Las habilidades de comunicación discutidas anteriormente deberían poder ayudarle a mejorar.

Liderazgo Situacional

Este es el estilo de liderazgo ideal. Este estilo se ajusta a las necesidades de la situación. En el mundo real, los factores que rodean las decisiones de liderazgo nunca son constantes. Debido a esto, un líder debe saber cómo adaptar su estilo de liderazgo de acuerdo con las necesidades de la situación.

El líder situacional aprende los pros y los contras que vienen con cada uno de los estilos de liderazgo sugeridos anteriormente. Analizan cada situación y aplican el mejor estilo de liderazgo que ayudará al grupo a alcanzar sus metas.

Si el tiempo es corto para tomar una decisión, el líder situacional puede usar el estilo de liderazgo autocrático. Si hay una necesidad de consenso público dentro del grupo, el líder situacional usa el estilo democrático. Al aplicar el estilo de liderazgo correcto basado en la situación, los líderes efectivos también intentan desarrollar sus personalidades para que puedan practicar el liderazgo de la personalidad cuando sea necesario.

Capítulo 5: Usando sus capacidades de Liderazgo para motivar a las personas

La habilidad del líder para motivar a sus seguidores es su habilidad más importante. Puedes desarrollar esta habilidad practicando estos consejos:

Conviértase en el modelo del grupo.

Al motivar a las personas que le rodean, debe comenzar con usted mismo. Debe mantener su propia motivación en un nivel alto. Si las personas que le rodean ven cuán motivado está usted, pueden abordar el trabajo del proyecto con el mismo nivel de motivación.

Es común que los empleados se relajen cuando ven que su jefe no es un duro trabajador. El líder de la organización generalmente establece la ética de trabajo de todo el grupo. Debe considerar esto cuando intente motivar a los miembros del grupo. Si sus miembros ven que usted está trabajando arduamente para lograr el objetivo del grupo, la mayoría de ellos también se sentirán motivados a hacer lo mismo.

Algunos de los miembros de su equipo le están observando activamente para aprender de usted. Si ven que está entusiasmado en hacer su trabajo, también imitarán eso. Debe ser profesional y trabajar duro en todo momento, especialmente en presencia de los miembros de su grupo.

Establecer la cultura del grupo.

Al convertirse en el modelo a seguir para el grupo, también está estableciendo su cultura. En la mayoría de los casos, la personalidad del líder influye en todo el grupo. Si el jefe de la compañía es un aficionado al ejercicio, muchos de los miembros más jóvenes también comenzarán a entrenar. Si llega temprano todos los días, algunos miembros también se sentirán motivados a hacer lo mismo.

Debe pensar en la cultura de la empresa o grupo que desea establecer en el grupo. Entonces debe practicar activamente esta cultura cuando el grupo se reúna. Si desea un sentido de comunidad del grupo, debe fomentar las interacciones entre los miembros. Si quiere que todos actúen de una manera profesional, también debe mostrar los mismos niveles de profesionalismo de manera constante.

Comparta el éxito y las responsabilidades con los miembros de su grupo.

Cuando un líder delega tareas a sus miembros, él o ella está mostrando confianza. Debe delegar parte de su trabajo a las personas que tienen la habilidad suficiente para lograrlo. Si tienen éxito, debería darles más responsabilidades. Al compartir responsabilidades, está desarrollando las habilidades y la confianza de los miembros de su grupo.

También libera algo de su tiempo. En lugar de trabajar en las tareas que delega, usted puede trabajar en cosas que solo el líder puede manejar.

Cuando delegue tareas, también debe asegurarse de compartir el crédito por el éxito. Líderes ineficaces acaparan todo el éxito del grupo. Si acapara todo el éxito, la gente no trabajará duro para usted en el futuro.

Para evitar esto, debe mencionar a todas las personas que lo ayudaron a alcanzar el éxito. También debe asegurarse de que las promociones y otras formas de recompensas se destinen a las personas que ofrecen el mayor valor al grupo.

Dar a las personas la cantidad justa de libertad para trabajar

Las personas con mal desempeño requieren mucha supervisión. Sin embargo, algunas personas simplemente odian ser vigilados. Debe identificar la cantidad correcta de supervisión que debe dar a cada persona. Es mejor dejar a algunas personas para que trabajen por su cuenta, mientras que otras se sienten mejor si el jefe o el supervisor le brindan ayuda en su trabajo.

Siga recordándoles para qué están trabajando

Debe asegurarse de que los miembros del grupo siempre estén conscientes de por qué están trabajando. En proyectos largos, es fácil olvidar la razón detrás de todo. Siempre debe ser consciente de la misión y visión de la empresa u organización. Entonces debería comunicárselo a las personas que lidera.

También debe recordarles los objetivos a corto plazo del grupo. Cuando hace esto, evita que se preocupen por todo el proyecto. Algunas personas se sienten intimidadas cuando ven la cantidad de trabajo que tienen frente a ellas. Cuando sienten ansiedad por el trabajo, su motivación y rendimiento pueden verse afectados.

Puede evitar esto haciendo que sus seguidores se centren en los objetivos a corto plazo. Esto evitará que se preocupen por tareas futuras. El trabajo del equipo de gestión es preocuparse por el panorama general.

Hacer reuniones altamente productivas

La mejor manera de comunicarse con las personas con las que trabaja es a través de reuniones. Las reuniones son útiles para mantener a todos en la misma página. Sin embargo, la mayoría de las veces, el tiempo de reunión se desperdicia con conversaciones ociosas.

Como líder, debes ser consciente de cómo el grupo usa su tiempo. Debe asegurarse de que cada reunión tenga una agenda y que el grupo cumpla con la agenda. Si existe la necesidad de establecer una buena relación, debe asegurarse de que el tiempo que ocupa sea corto.

Trabaja con los miembros de tu grupo para que sean mejores.

Usted debe trabajar activamente para aumentar el valor de los miembros de su organización. Puede trabajar con ellos para que sus habilidades, conocimientos y valor global aumenten cuando trabajan para el grupo. Si usted es el gerente, por ejemplo, debe monitorear el desempeño de cada uno de sus miembros. Debe identificar las áreas donde pueden mejorar y comunicarse con ellos sobre cómo pueden hacerlo.

Las personas generalmente abandonan las organizaciones cuando sienten que no están mejorando. Esto es común entre los empleados que buscan experiencia de las empresas para las que trabajan. Al asegurarse de que todos estén mejorando, podrá aumentar la tasa de retención de la organización. Si se quedan, se convertirán en miembros muy valiosos del grupo en el futuro.

Monitorear el progreso y reportarlo

También debe controlar el progreso del grupo para alcanzar sus objetivos. Cuando los miembros del grupo ven la cantidad de progreso que está haciendo el equipo, estarán más motivados para trabajar. Debe informar esto a los miembros de su grupo de manera regular.

Las personas se motivan cuando ven grandes avances enla finalización de un proyecto. Si trabajaron duro la semana pasada, verán buenos números de desempeño. Debe informar sobre su buen desempeño y animarlos a mejorar en la semana siguiente. Cuando el desempeño de cada miembro y del grupo está mejorando, los miembros se sentirán muy bien con lo que están haciendo y trabajarán más duro para mejorar constantemente.

Los miembros de su equipo también se motivarán cuando el proyecto esté cerca de su fin. A medida que el equipo se acerca a la finalización del proyecto, debe informar el progreso con más frecuencia para que los miembros se sientan motivados a hacerlo.

Por último, los miembros de su grupo se sentirán motivados por los plazos. Debe establecer la cantidad de tiempo correcta para que cada miembro complete su trabajo. Sin embargo, no debes darles demasiado tiempo. Cuando hagas esto, no se sentirán presionados a trabajar.

Dar crédito a quien le corresponda.

También debe reconocer a las personas que se están desempeñando bien. Debe felicitarlos en sus reuniones para que se sientan apreciados por el grupo. También debe asegurarse de que las recompensas de la organización o de la empresa vayan a las personas adecuadas.

Los miembros se sentirán subvalorados cuando se les pasa por alto por promociones o cuando su buen trabajo no se menciona, mientras que el trabajo de otros sí. Su falta de apreciación puede llevar a la indiferencia. Esto puede hacer que salgan del grupo. Si es que no abandonan el grupo, no estarán motivados para trabajar duro.

Capítulo 6 - Cómo convertirse en un Líder

Por último, debe ejercer los siguientes métodos cuando se le da una posición de liderazgo. Estos pasos están diseñados para ayudarlo a guiar al grupo a alcanzar sus metas.

Aprende el objetivo del grupo.

Un líder eficaz siempre es consciente de los objetivos del grupo. Debe conocer los objetivos del grupo antes de asumir la posición de liderazgo. También debe hacer su investigación para conocer la cantidad de trabajo requerido para que el grupo alcance sus metas.

Mientras investiga, también debe aprender sobre los obstáculos que pueden interponerse en el camino del grupo para alcanzar sus objetivos. El objetivo de un equipo de béisbol, por ejemplo, puede ser ganar un campeonato en la liga en la que juegan. Si es usted el entrenador, debe aprender sobre lo que se necesita para ganar un campeonato. ¿Serán las habilidades de sus jugadores lo suficientemente buenas para alcanzar la meta? También debe examinar las habilidades y los registros de los equipos competidores. Esto le permitirá adivinar si los objetivos del equipo son alcanzables o no.

Aprenda las tareas básicas que deben hacerse

Al examinar los objetivos del grupo, debe enumerar los pasos que debe seguir el grupo. Los pasos deben ser sistemáticos y fáciles de entender. Si los pasos para alcanzar los objetivos son complicados, debe intentar simplificarlos para los miembros de su grupo. Cuando la tarea es demasiado complicada, algunas personas pueden sentirse intimidadas. Esto afectará la moral del grupo al principio del proyecto. Para simplificar los pasos, debe identificar las tareas principales que deben realizarse. Estas son las tareas más importantes para un proyecto. Puede identificar las tareas principales eliminando los pasos que no son necesarios para completar el objetivo.

Si el objetivo del grupo es construir una casa, por ejemplo, puede enfocarse solo en los pasos necesarios para construir las partes estructurales de la casa. En realidad, hay cientos de tareas que deben realizarse para construir una casa. Sin embargo, la mayoría de las tareas que deben realizarse no están relacionadas con la estructura. Algunas tareas son para el diseño de interiores y acabados. Algunas tareas son para el paisajismo del hogar. Si está tratando con trabajadores aficionados, pueden sentirse intimidados si incluye todas las actividades frente a ellos al mismo tiempo.

Conozca los activos de su grupo.

Después de conocer los objetivos del grupo, también debe encontrar las cualidades del grupo que aumentan las posibilidades de que alcance sus objetivos. Debe identificar qué tiene el grupo que puede ayudarle a superar los obstáculos para alcanzar la meta. Si tiene competidores para alcanzar su meta, debe comparar las capacidades de su grupo con las de ellos. En el ejército, por ejemplo, los países comparan sus capacidades militares con otros países para saber qué tan preparados están para enfrentar las amenazas. En los deportes profesionales, los entrenadores y sus asistentes exploran a los jugadores de los otros equipos. Esto les da la capacidad de comparar las habilidades de sus jugadores con las habilidades de los jugadores de otros equipos.

En los negocios, un líder necesita saber qué tan preparado está el grupo para alcanzar los objetivos comerciales. El líder debe saber si faltan algunas herramientas que serán necesarias en el proceso de negocios.

También debe identificar a los miembros de los grupos que tienen las habilidades y el conocimiento para cumplir con las tareas centrales de la meta. Si usted tiene un equipo deportivo, debetener un jugador para cada posición importante en el campo. Si tiene un negocio de restaurante, debe tener un chef que tenga la habilidad y experiencia suficiente para preparar las especialidades de su restaurante.

Al saber lo que tiene y lo que no, podrás saber qué tipo de personas necesita reclutar. También sabrá las herramientas que aún necesita obtener para que su grupo pueda alcanzar sus metas.

Ponga todas las piezas juntas.

Los líderes no solo manejan a las personas, sino que también traen personas que aumentarán las posibilidades de que el grupo alcance sus metas. Usted debe utilizar las habilidades de comunicación que aprendió de los capítulos anteriores para reclutar a los tipos correctos de personas en su grupo. Al hacer esto, no solo debe considerar sus habilidades, sino también cómo su personalidad afecta al grupo.

Por ejemplo, traer a un gerente calificado no ayudará al grupo a alcanzar sus metas más rápido si a nadie le gusta esa persona. En lugar de centrarse en sus tareas específicas, las personas estarán más centradas en la persona que no les gusta.

Además de traer a las personas adecuadas, también debe encontrar dónde puede obtener las otras herramientas que se requieren para alcanzar los objetivos del grupo. Por ejemplo, si dirige un restaurante, es posible que necesite ciertos tipos de equipo de cocina profesional para que su chef pueda funcionar correctamente. Si su restaurante carece de eso, necesita movilizar a su equipo para encontrar uno.

Conozca las limitaciones

Al intentar encontrar las piezas correctas para su grupo, usted aprenderá acerca de las limitaciones que pueden impedirle alcanzar sus metas. Es posible que algunas de estas limitaciones no lo detengan, pero pueden ralentizarlo.

Una de las limitaciones más comunes para alcanzar las metas del grupo es el presupuesto. Si está pagando a las personas en el grupo, es posible que tenga opciones limitadas al atraer a más personas. En la mayoría de los casos, también tendrá un presupuesto limitado para obtener las herramientas que necesita.

También tendrá limitaciones en otros tipos de recursos. Si es un entrenador de baloncesto en una ciudad donde el baloncesto no es popular, tendrá un número limitado de jugadores experimentados para reclutar en su equipo. Si usted se encuentra en una organización sin fines de lucro, puede tener un número limitado de voluntarios.

Su papel como líder es asegurarse de que todos sus recursos se asignen correctamente. Debe poder anticipar las limitaciones de su grupo. Si puede anticiparlos, podrá crear estrategias que le permitirán solucionar estas limitaciones.

También debe asegurarse de que la existencia de estas limitaciones no afecte la moral de su equipo. Su equipo se distraerá si permiten que estas limitaciones los afecten mentalmente. La mejor manera de evitar que esto suceda es asegurarse de tener una solución para cada nueva inquietud antes de presentarla al equipo.

Acepte las cosas que no puede controlar.

También debe anticipar que es posible que no pueda cambiar ciertos factores. Si el factor que no se puede cambiar impide que su equipo alcance sus metas, debe encontrar una manera de solucionarlo.

Si usted es el entrenador de un equipo deportivo, es común que los jugadores se lesionen en medio de una temporada de juego. Este es un ejemplo de un factor que no se puede cambiar. La mayoría de los entrenadores aficionados se rendirían en la temporada si su mejor jugador se lesionara. Un excelente líder no permitiría que este factor impida que su equipo alcance sus metas. En lugar de rendirse, los grandes entrenadores buscan inmediatamente otras jugadas que le den al equipo mejores oportunidades de ganar.

Cuando enfrente a su grupo, no debe mostrar que los factores limitantes afectan su confianza. Debe mostrar que todavía está decidido a que el equipo alcance sus metas.

Elimine los factores de distracción.

Muchos factores también tratarán de distraerle de sus metas. Una gran organización por lo general tiene múltiples objetivos.

Tomemos como ejemplo una escuela pública. El director de la escuela es el líder y él quiere que la escuela se ubique como la mejor escuela del distrito. La mejor manera de convertirse en la mejor escuela es hacer que los estudiantes obtengan una alta calificación en sus exámenes estandarizados.

Para hacer esto, el director necesita la ayuda de todos los miembros de la facultad. También necesitará la participación de todos los estudiantes que toman los exámenes. Debido a que hay cientos o incluso miles de personas involucradas, solo los mejores líderes podrán motivar a todas estas personas para que hagan lo mejor que puedan.

Al tratar de alcanzar este objetivo, el director debe tener en cuenta que varios factores pueden distraer a los jugadores clave. Las cosas que suceden en sus vidas personales, por ejemplo, pueden distraer a los maestros. Algunos de ellos pueden tener problemas en el hogar que les impidan centrarse en las tareas.

Los estudiantes también pueden distraerse. Si hay demasiadas actividades extracurriculares en la escuela, es posible que no puedan concentrarse en sus tareas. Es tarea del director encontrar formas de motivar a todas estas personas a hacer lo mejor que puedan.

Al eliminar las distracciones, podrá hacer que todos los miembros del grupo se centren en sus tareas. Si los miembros de su grupo están enfocados, podrán hacer lo mejor que puedan.

Conclusión

¡Gracias de nuevo por descargar este libro!

Espero que este libro haya podido ayudarlo a desarrollar sus habilidades de liderazgo.

El siguiente paso es aplicar los consejos y estrategias que aprendió de este libro en sus actividades diarias. No necesita estar en una posición de liderazgo para comenzar a desarrollar sus habilidades. Puede aplicar los consejos de este libro en su relación con los miembros de su familia y con sus amigos. Con el tiempo, se convertirá en un líder eficaz en su carrera y en la organización que dirige.

¡Gracias y buena suerte!

Parte 2

INTRODUCCIÓN

La historia está llena de ejemplos de grandes líderes; estas son personas que inspiran a otras en tiempos de gran necesidad y esos que motivan a otros a hacer del mundo un lugar mejor. Los líderes son parte esencial de la vida; ya sea en los negocios y en la vida personal. Ellos son excelentes comunicando sus intensiones, evaluando el potencial de determinadas personas y motivándolas a hacer su trabajo

No obstante, un líder hace mucho más que garantizar el cumplimiento de las actividades establecidas dentro de una organización;pues ellos están allí para ofrecer orientación a otros, esto aumenta su confianza y los capacita para alcanzar sus propios pequeños objetivos. De hecho un buen líder ayuda a sus seguidores a desarrollar sus habilidades y convertirse en mejores personas.

Por supuesto que no todos en el mundo pueden ser líderes. Algunas personas han nacido con una tendencia natural a guiar a otras, mientras que muchas personas simplemente están buscando a alguien que les brinde seguridad, orientación y apoyo. Existen actividades determinadas para todo tipo de persona; Los líderes no son necesariamente los mejores cuando se trata de realizar el trabajo diario, pero son quienes pueden motivar e inspirar a las personas con las habilidades necesarias para llevar a cabo estas tareas, es por esto que es esencial conocer a cada miembro del equipo, porque cada uno de ellos hace que completar los proyectos sea posible.

Muchas personas se conforman con ser seguidores si esto les garantizala seguridad que desesperadamente quieren, este es un instinto primitivo, un deseo de ser guiado y protegido. Los súper líderes reconocen esta necesidad de sus seguidores y toman en cuenta sus necesidades. Los líderes también tienen en consideración que, a veces, su estilo de liderazgo debe cambiar con el fin de alcanzar los resultados deseados.

Los mejores líderes son aquellos que tienen afinidad con las personas que guían; ellos construyen una relación con sus seguidores. Esta afinidad es lo que le permite a alguien liderar, sin eso siempre habrá resistencia a las acciones y decisiones que ellos tomen. Los líderes también son parte esencial de la vida diaria; un líder es esencial para brindar orientación y dirección a otros. Las personas que se asocian sin un líder usualmente terminarán discutiendo unos contra otros y su proyecto será un caos. Un líder debe resolver conflictos e imponer lineamientos necesarios para asegurar que todos tengan una oportunidad de expresar su opinión.

Es importante notar que un súper líder no ignora las opiniones de sus seguidores; el mejor líder involucrará a sus seguidores y buscará sus opiniones antes de tomar una decisión la cual estará basada en los intereses de todos los involucrados.Un líder debe ser un visionario, necesita tener claro cuál es el futuro que desea y por el cual suma los esfuerzos de sus seguidores, ya sea este en el plano político, en los negocios privados o incluso con el cumplimiento de algún sueño. Es su visión la que inspira a los otros y promueve un cambio positivo.

Quizás la creencia fundamental que mantienen todos los líderes es que ellos saben cómo hacer que pasen las cosas y toman las medidas necesarias para lograrlo.

Capítulo 1 – Los atributos clave de un súper líder.

La mayoría de los líderes tienen cualidades naturales de liderazgo; sin embargo, es posible que aprendan a ser súper líderes. La primera cosa que debes determinar es si ya tienes los atributos de un súper líder o si necesitas desarrollar tus habilidades.

- Un líder es honesto.

Esta habilidad es esencial en cada aspecto de la vida, pero es especialmente importante si eres un líder. Tú debes ser honesto con tu equipo sobre lo que tú esperas de ellos, debes ser honesto contigo mismo al determinar lo que es posible y debes ser honesto con las personas ajenas al proyecto para asegurar que este sea tomado con seriedad y que te brinden el apoyo solicitado.

Ser honesto también garantizará que todas

las personas con las que te trabajes respeten tus deseos e intenten ayudarte, simplemente porque ellos conocerán claramente tus intenciones y sabrán que serías incapaz de traicionarlos.

- Un líder sabe delegar

Un gran líder sabe que no es posible hacer todo por su cuenta. De hecho, el problema no es que al día le falten horas para realizar todas las actividades que necesitas terminar, sino que hay otras personas que están mejor capacitadas para esas labores. Los mejores líderes aceptan sus propias limitaciones y saben emplear las habilidades de las personas que conforman su equipo para alcanzar sus metas.

Delegar asegura que tu equipo se sienta involucrado en el proyecto y esto asegurará que se mantengan motivados, es importante para ellos saber que su aporte hace la diferencia.

- Un líder tiene confía en sí mismo.

Incluso los mejores líderes se enfrentaran a situaciones donde las cosas no van de acuerdo al plan. Son esos momentos en los que debes tener confianza en tus propias acciones y en el proyecto del que estás encargado. Siempre encontrarás obstáculos pero debes enfocarte en las metas al largo plazo. La confianza en tus habilidades de conseguir el resultado deseado, asegurará que continúes trabajando cuando todo se complique. Esta es la actitud confiada que debes proyectar para que tu equipo se mantenga inspirado y saque adelante al proyecto sin importarlos obstáculos. Ellos te seguirán a ti.

- Un líder es dedicado.

Así como necesitas tener confianza en que tu visión se puede convertir en realidad también necesitas dedicarte a tu proyecto. Tu nivel de dedicación será observado por tu equipo y ellos se esforzarán para alcanzar el mismo nivel de entrega.

Esto será muy beneficioso si dudas de la sabiduría de tus propias tácticas, su inquebrantable fe en tus habilidades te inspirará para continuar.

Es esencial que permitas que tu equipo perciba tu devoción al proyecto. Un equipo que te ve trabajando largas horas y preparado para realizar cualquier tarea que sea necesaria, estará tan dedicada como tú. Puedes, literalmente, liderar con el ejemplo.

- Un líder es creativo.

Para dirigir a la gente hacia un mejor futuro necesitas ser creativo. Es esta creatividad que te permitirá encontrar soluciones alternas a los problemas que surjan. De hecho esto es lo que hace que un proyecto sea posible. Un súper líder es necesariamente un líder lo suficientemente creativo como para imaginar una nueva versión del futuro y enfocarse en descubrir los pasos a seguir para hacer realidad su visión.

Esa creatividad te ayudará a encontrar una solución rápidamente cuando enfrentes un problema. A veces no es posible terminar una tarea de la forma tradicional, necesitas pensar "fuera de la caja" para encontrar una solución que funcione con los recursos que tengas a mano.

- Un líder sabe comunicarse.

Este es probablemente el atributo más importante que un líder debe tener. Debes ser capaz de comunicar tus deseos efectivamente, esto asegurará que tu equipo sepa que es lo que se espera de ellos.

Los mejores líderes han aprendido a comunicarse efectivamente de forma concisa en muchos niveles; tu equipo necesita saber cuáles son tus metas y cuáles son los métodos que quieres emplear para alcanzar los objetivos. Junto a esto vas a necesitar comunicar los lineamientos concernientes al comportamiento esperado e incluso proporcionar retroalimentación sobre su desempeño.

- Un líder tiene una actitud positiva.

Todo súper líder necesita de una actitud positiva. No existe adversidad que no se pueda superar, no hay problema que no se pueda resolver. Una actitud positiva es esencial para asegurar que no renuncies al enfrentar el primer contratiempo. Habrá obstáculos y desafíos a lo largo del camino y a pesar de ellos tú debes prevalecer.

Cultivar un enfoque optimista puede influenciar a tu equipo, ellos adoptarán la misma actitud. Si la mayoría de tu grupo mantiene una actitud positiva, una disposición innata para llevar a cabo todas las actividades, entonces todo es posible.

Una actitud positiva también puede ayudarte a ti y a tu equipo a sobreponerse ante cualquier problema o error interno. En lugar de quedarse en el pasado culpando a su equipo, un líder debe aprender de ellos y seguir adelante; siempre enfocándose en lo positivo y en el futuro.

- Un líder esempático

Debes ser sensible con las necesidades de aquellos que te rodean, la economía global e incluso cualquier competencia. La sensibilidad o empatía son vistas con frecuencia como señales de debilidad, sin embargo es una de las mayores ventajas de cualquier líder.

Al manifestar tu sensibilidad serás capaz de tener plena conciencia de lo que está pasando a tu alrededor. Ya sea algún problema personal de algún miembro de tu equipo o algún inconveniente en el mercado que se esté gestando. La gente sensible tiende a estar mejor conectada con el ambiente que les rodea, si desarrollas tu sensibilidad estarás listo prevenir complicaciones antes de que surjan.

- Un líder es inspirador

Un súper líder debe ser inspirador, esto significa que debe ser capaz de visualizar un concepto en el futuro y hacerlo realidad. De hecho tú puedes ser inspirador de una forma más sencilla. Comparte tu visión y tu pasión por la misma con tu equipo, esto los motivará y los inspirará a creer en tu sueño.

Tu inspiración puede convertirse en el sueño de mucha gente si te concentras tanto en el resultado final como en inspirar a quienes están a tu alrededor ayudándote a cumplirlo. Esto te permitirá construir algo para el futuro que puede potencialmente inspirar a millones de personas y asegurará que tu equipo tenga una razón para trabajar duro y triunfar.

- Un líder es intuitivo

Cuando hablamos de intuición nos referimos a las corazonadas, que son el resultado de estar atento a lo que está pasando a tu alrededor y de confiar en que tus instintos te van a indicar qué pasará después. El mercado y la economía global están en constante cambio y tú podrías necesitar reaccionar rápidamente a las nuevas tendencias.

Como ya ha sido mencionado esto puede significar "pensar fuera de la caja" presentar una solución única:

Un buen líderes capaz de basar sus decisiones en su intuición pero tambiénva a tomar su tiempo para contemplar todos los asuntos relevantes para asegurarse de que se va a tomar la mejor decisión posible para luego implementarla.

Si tu intuición te dice que una decisión previa puede haber sido un error no gastes mucho tiempo lamentándola, simplemente aprende de ella y sigue adelante.

- Un líder es decidido

Cuando una decisión necesita ser tomada un gran líder contemplará toda la información relevante y decidirá con base en la evidencia observada. Este es un atributo importante que debes desarrollar, reunir todos los hechos que puedas y luego decidir cuál es el mejor curso de acción según tu criterio. Una vez hayas alcanzado una decisión debes apegarte a ella y seguir adelante.

Es importante que tomes en consideración que a veces necesitarás tomar una decisión de inmediato y otras veces tendrás tiempo para considerar los hechos en detalle. Para asegurarte de que serás capaz de tomar una decisión debes mantenerte al día con todas las actualizaciones y cambios tanto en tu proyecto como en cualquier cosa que pueda afectarlo. Esto facilitará que tomes la mejor decisión posible y que lo hagas rápido de ser necesario.

Ser capaz de tomar decisiones rápidas y justas también inspirará confianza en tu equipo, si ellos creen que tú estás en control y que sabes lo que haces ellos responderán bien a tus exigencias.

- Un líder sabe escuchar

Esta es una habilidad esencial en cualquier área de la vida, y todo líder debe ponerla en práctica para perfeccionarla. Las mejores negociaciones y conversaciones ocurren cuando pasas al menos el ochenta por ciento de tu tiempo escuchando a la otra persona.

Escuchar te permite averiguar cuáles son los problemas de fondo, tanto los que se presenten con tu personal o los relacionados con tu proyecto. Si tú sabes cuáles son los problemas serás capaz de reaccionar y lidiar con ellos apropiadamente, ¡Hacer esto es simplemente imposible sin escuchar!

Los mejores líderes siempre están dispuestos a escuchar a otros ya que sus ideas pueden ampliar su perspectiva, normalmente esto ocurre con personas que trabajan en partes especificas del proyecto. Es probable que ellos tengan un conocimiento profundo de un asunto en particular y de cómo eso afecta a todo el proyecto o incluso saber cómo puede mejorarse.

Escuchar le hace saber a tu equipo que su opinión cuenta, esto los hará sentir apreciados y asegurará que trabajen más duro y que estén más comprometidos con el proyecto.

- Un líder es responsable.

Un súper líder reconoce que él tiene un compromiso consigo mismo, y con la meta que persigue su proyecto. En todo momento un líder debe ser consciente de las necesidades de su equipo y su proyecto, además deben estar preparados para asumir la responsabilidad por las acciones de su equipo. Los líderes deben entender y admitir que el éxito o fracaso de cualquier proyecto está depende de su liderazgo, innovación y motivación al logro. La responsabilidad caerá sobre tus hombros, incluso si un miembro de tu equipo haya causado la ruina del proyecto.

La razón detrás de esto es que un líder debe motivar a su equipo y garantizar que su proyecto sea completado con éxito, tienes que estar dispuesto a todo lo que sea necesario para asegurarte de que tu proyecto tenga éxito, hacerlo posible. Es esta cualidad la que te permitirá guiar a otros hasta un resultado exitoso. Su éxito es tu éxito y su fracaso también es compartido.

- Un líder tiene sentido del humor

Puede ser muy fácil que un proyecto tome el control de tu vida y es muy probable que te obsesiones con el resultado o dirección en la cual el proyecto se dirige. Sin embargo un verdadero gran líder reconocerá que el mejor trabajo es producido por gente que está relajada y que está disfrutando de su trabajo. Es entonces tu responsabilidad garantizar que le estás dando a la gente la oportunidad de relajarse y esparcirse. Mientras más complejo sea el proyecto o más cercana sea la fecha de entrega el tiempo para relajarse se vuelve más importante. Tener buen sentido del humor te permitirá conectarte directamente con tu equipo y construir relaciones con ellos.

Puede ser usado para aligerar el ambiente y mostrar que eres humano. Esto ayudará a otros a confiar en ti demostrando que eres accesible. Esto relaja a la gente y permite que su lado creativo salga para proporciones nuevas formas de resolver problemas o de hacer avanzar el proyecto.

- Un líder es optimista

Un líder debe ser optimista, necesitas enfocarte en lo bueno en cualquier situación y usar esto para inspirar a tu equipo y a ti mismo. Esto garantizará que tú siempre estés avanzando y que tu equipo se sienta cómodo acudiendo a ti para resolver un problema.

Ser optimista también te permitirá ver el potencial en dos o más personas trabajando juntas y el resultado que puede ser alcanzado. Tu optimismo puede inspirar a otros a lograr más y hacer lo que pensaban que era imposible.

Quizás lo más importante, eso asegurará que tú siempre creas que hay una forma de seguir adelante, esta creencia será transmitida a tu equipo y juntos serán capaces de descubrir el camino correcto.

Capítulo 2 Desarrollando tus habilidades gerenciales

Una parte importante de ser un súper líder es entender cómo manejar a tus recursos humanos y sus expectativas para elegir el mejor método para asegurar que ellos den constantemente su mejor esfuerzo. Para garantizar que estás consiguiendo el máximo de tu equipo y que tu proyecto está bien encaminado, es esencial que entiendas y trabajes en integrar las siguientes prácticas:

- Dar retroalimentación

Tu equipo está integrado por personas, y a la mayoría de la gente le gusta recibir retroalimentación ya sea positiva o negativa. Como un buen líder debes tomarte el tiempo de hablar regularmente con cada miembro de tu equipo para darles su retroalimentación. Esto ayudará a motivarlos y a inspirarlos también te dará la oportunidad de garantizar que las cosas se están haciendo de la manera correcta.

Puedes dar retroalimentación en cualquier momento, no hay necesidad de esperar por la evaluación periódica del personal. Esto es particularmente cierto cuando te das cuenta de un problema que necesita una solución rápida, en este caso no tiene caso esperar el momento de la evaluación para intervenir.

Por respeto a tu personal solo debes dar críticas constructivas es privado al miembro en cuestión. Avergonzarlos en frente del resto del equipo no va a elevar la moral ni la productividad del equipo. Si debes elogiar a alguna persona de tu equipo puedes hacerlo públicamente siempre y cuando sea bueno para los demás estar al tanto de cómo este individuo ha ayudado al grupo y el hecho ya ha sido notado por los demás.

- Dedicarle tiempo a tu equipo

Tu equipo está conformado por un grupo de personas, y cada uno de ellos tiene sus propios problemas y asuntos que afrontar, esto puede requerir de tu apoyo. Es esencial dedicarle tiempo a tú equipo cada día, puedes hablar con algunos de ellos o con todos y preguntar si tienen algún asunto en el cual tú los podrías ayudar en el trabajo o en casa.

Además de esto es esencial que tu equipo sepa que siempre estás disponible para discutir sus necesidades y problemas. Esto no significa que pueden interrumpirte en cualquier momento del día, sino que si tienen alguna cosa que conversar contigo tú encontrarás tiempo para atenderlos.

Recuerda tu equipo es tu recurso más importante.

- Encontrar el equilibrio

Debe haber un equilibrio entre ser muy amigable y no ser accesible, debes ser parte de cada área del proyecto sin controlar cada detalle. Tu equipo debe ser capaz de completar las tareas asignadas a ellos sin que vigiles cada uno de sus movimientos, sin embargo necesitas monitorear su progreso para asegurar que el proyecto sea culminado a tiempo de la manera esperada. ¡No hay beneficios en descubrir al final del proyecto que una parte era completamente deficiente!

Aprender a encontrar el equilibrio te dará a ti y a tu equipo tiempo libre para ser creativo y prosperar sin dañar el proyecto.

- Evitar los excesos de confianza

Mientras más pequeño sea tu equipo más fácil, y potencialmente, más tentador se hará entablar relaciones de amistad con tus colegas. Sin embargo como un súper líder ¡esta no es una buena idea! Los gerentes que son muy amigables con su propio personal difuminan la línea entre la amistad y el profesionalismo. Esto a menudo resulta en abuso de la relación por uno o por ambas partes cuando la necesidad de acudir a un amigo supera las necesidades del proyecto.

Ser muy amistoso con tu equipo incluso puede causar que sea increíblemente difícil ser justo o simplemente tomar una decisión si debes tomar medidas extremas. Esto no quiere decir que no puedas socializar y disfrutar del tiempo con tu equipo, pero debes hacerlo con moderación.

- Ser motivador

Un gran líder sabe que cada miembro de su equipo necesita ser motivado. Uno de los errores más comunes es asumir que la motivación proviene de un aumento en la remuneración. No obstante hay diferentes maneras de motivar a tu equipo y debes entender cuáles son las prioridades y deseos que rigen a cada miembro delpersonal. Algunos podrían preferir ser capaces de trabajar desde casa mientras que otros les gustaría tener un horario flexible.

Como gerente y como líder necesitas establecer qué es lo que cada miembro de tu grupo valora más, puedes ofrecerles esto tanto como un incentivo o como una recompensa.

- Ser cuidadoso a la hora de reclutar

En múltiples ocasiones tendrás que reclutar a un miembro de tu personal para tu equipo ya sea para reemplazar a algún miembro, o para agregar más personas al mismo. Esto puede derivar en un proceso extenuante, puede que tengas que lidiar con cientos de aplicaciones y además debas sacar tiempo para realizar entrevistas. El resultado de esto es que el proceso de selección es a menudo muy apresurado y no necesariamente eliges a la mejor persona.

Para eso es esencial disponer de suficiente tiempo para hacerlo bien. Tú necesitarás reflexionar sobre la posición a la que ellos están aplicando y que cualidades necesitan tener. También debes pensar con quienes estarán trabajando y cómo se integrarán a tu equipo.

Finalmente, tomarse el tiempo para elegir al candidato correcto significará que el tiempo que dedicarás en entrenamiento será mínimo y que no necesitarás repetir todo el proceso en unas semanas cuando ellos renuncien.

- Ser un modelo a seguir

Los mejores líderes siempre dan el ejemplo sobre cómo enfrentar los desafíos diarios. Un buen líder se abstendrá de hacer comentarios negativos, particularmente sobre los otros miembros del equipo. Si tú haces comentaros negativos, será difícil pedirle a tu equipo que no haga lo mismo. Tener una actitud negativa ya sea en contra de cualquier parte del proyecto o sobre algún miembro del equipo bajará la moral de todos los miembros. Esto afectará la productividad y la creatividad en el proyecto.

- Delegar responsabilidades

Un buen gerente sabe que no puede controlar todo. De hecho, los mejores gerentes no necesitan estar presentes para que sus equipos sepan que hacer y como continuar con el proyecto. Los mejores líderes consolidan toda la información disponible y asignan trabajos a los miembros de su equipo con base en sus habilidades individuales.

Para lograr esto es necesario aprender a delegar la responsabilidad, a pesar de que tú serás responsable de todo el proyecto, no hay razones para que tu equipo no pueda lidiar con la mayoría de los asuntos cotidianos manejando su propia cuota de responsabilidad. Esto puede ser incentivadocon un sistema de recompensas.

Distribuir las responsabilidades del trabajo asegurará que estés libre para manejar el proyecto como un todo, en vez de quedarte atascado en los pequeños detalles.

- Conocer a tu equipo

Un buen gerente sabe de lo que es capaz cada persona de su equipo y utiliza estas habilidades para ayudar a todo el grupo. Esto significa reconocer que alguien es mejor que tú realizando una tarea en particular y permitiéndoles hacer el trabajo necesario.

Conocer a tu equipo también te permitirá estar atento a los problemas que puedan surgir y si es necesario asegurar que algunas personas trabajen en diferentes partes del proyecto para evitar algún conflicto personal entre tus colaboradores. Es inevitable que algunas personas no se lleven bien con otras, pero parte de tu trabajo como gerente es conocer estas situaciones y crear un ambiente de trabajo que estimule a cada miembro de tu equipo.

Al conocer a tu equipo y en consecuencia delegarles responsabilidades aumentará la productividad y la moral.

- Dar críticas constructivas

Un factor necesario de ser un súper líder y un gerente es que a veces vas a necesitar corregir las acciones de tu equipo o incluso ajustar su método de trabajo y esta retroalimentación debe ser hecha con prontitud, mientras más tiempo se deje que alguien adopte un mal procedimiento será más difícil que deje de hacerlo en el futuro y el daño inadvertido que le hace al proyecto será mayor.

La crítica constructiva debe ser ofrecida en privado, para que los demás miembros del equipo no lo escuchen. Esto ayudará a prevenir que alguien pase vergüenza y evitará cualquier resentimiento. También te dará una oportunidad para evaluar a tu personal individualmente y corroborar si estos están felices con el rol asignado.

- Brinda oportunidades para mejorar

Muchas personas trabajan mejor cuando no solo perciben que el proyecto avanza, sino que también hay oportunidades para que ellos asciendan en la jerarquía del grupo. Puede que esto no le interese a cada miembro de tu equipo, pero será importante para algunos.

Para promover este sentimiento dentro de tu equipo es esencial cada vez que sea posible. También debes considerar formas de recompensar a tu personal por un buen trabajo, en particular por asumir deberes extra. Esto asegurará que tu equipo se sienta apreciado y sabrán que hay oportunidades de mejoría si eso es lo que desean.

- Determinar objetivos

El objetivo del proyecto debe ser completado mediante las acciones del equipo dando como resultado un servicio o producto que cumpla con tus expectativas. No obstante, esta puede ser una meta muy al largo plazo lo cual puede hace difícil que se sientan realmente motivados e inspirados por ese objetivo distante en el tiempo.

Para liderar exitosamente a tu equipo, debes segmentar el proyecto en tantas metas pequeñas como sea posible, haciendo que tu equipo se enfrente a una meta a la vez. Esto te ayudará a establecer una escala de tiempo para el objetivo final y mantendrá a tu proyecto bien encaminado.

Cada mini-objetivo alcanzado debe ser celebrado con el equipo, esto asegurará que ellos se mantengan motivados y concentrados.

- Negociar

Incluso si eres el mejor gerente del mundo no puedes estar en lo correcto todo el tiempo. Mientras más grande sea el proyecto, sueño o negocio se vuelve más esencial tener a un grupo de gente que maneje las actividades del día a día. Como ya hemos discutido anteriormente es fundamental que utilices tus habilidades y solicitar la asistencia de otros para lidiar con los asuntos en que tú no eres tan bueno.

Sin embargo, cada vez que integras nuevas personas a tu proyecto también aumentas el número de opiniones e ideas que tienes que manejar. Para ser un súper líder debes desarrollar la habilidad de la negociación, deberás mantener a todos los miembros de tu equipo tan felices como sea posible y mantener al proyecto encaminado.

Tal vez el aspecto más importante de este rasgo clave de tu gestión es ser capaz de escuchar a todas las partes y discernir todas las perspectivas de cualquier discusión, entendiendo lo que tu equipo o incluso lo que tu competidor necesita esto te dará la posibilidad de encontrar una solución que funcione para todos, siempre hay un punto medio y el arte de la negociación es encontrar ese punto y sacar el máximo provecho de cada oportunidad. Incluso te puedes sorprender de las ideas que pueden venir de tu equipo y como ellas pueden impulsar tu proyecto de hacia adelante.

- Reconocer los logros

A todos les gusta sentir que están trabajando por una razón y que ellos no solo son un engranaje del equipo. Una de las maneras más fáciles de alcanzar esto es reconocer cada logro, sin importar que tan grande o pequeño este sea. El reconocimiento puede ser público o privado, esto debe depender del logro y de la recompensa que consideres apropiada por el resultado obtenido.

Es importante aclarar que este reconocimiento no tiene porque ser financiero, a pesar de que la mayoría de la gente aceptaría una recompensa monetaria, también aceptarían otro tipo de gestos; tal y como; un día libre, vales para ir a comer a algún restaurante elegante. En ocasiones lo que importa no es el regalo, sino el reconocimiento.

Esta es también una excelente manera de motivar a tu equipo y garantizar que ellos se sientan parte de tú proyecto; esto los inspirará a ser más productivos, innovadores y leales. Cada una de estas características enfocará al proyecto en los asuntos que realmente importan y a no gastar tiempo valioso o esfuerzo lidiando con asuntos mundanos.

- Crear una jerarquía

Para cualquier líder que quiera tener éxito al manejar y al dirigir un equipo es esencial que ambos tengan su estructura organizada y asegurarse de que todos la conozcan. Quizás quieras discutirla con tu equipo antes de formarla, o puedas organizarla desde el principio.

Una estructura le permitirá a cada miembro de tu equipo entender su rol y a quien le reportan, eso asegurará que todos los asuntos sean manejados con justicia y con eficiencia. También te permitirá definir quién es responsable por cada sección del proyecto, y simplificará la cadena de mando. Esto garantizará que tu tengas la información que necesitas siempre disponible cada vez que sea requerida para que te enfoques en lo que importa.

- Identificar tus valores

Sin tu equipo no serás capaz de completar tu proyecto o de alcanzar las metas que tú mismo te has impuesto. La primera parte de esta cualidad es asegurar que tú tengas tu propia gama de valoresla cual tu equipo pueda integrar en su ética de trabajo, Ellos verán que tú también sigues estos patrones de comportamiento y guiaras con el ejemplo.

La segunda parte de esta cualidad fundamental es la capacidad de valorar la contribución de otros, esto provocará que hagan su mejor esfuerzo y te permitirá ayudarlos a crecer personal y profesionalmente. Fomentar el desarrollo personal es una forma genial de mostrarle a tu equipo que los valoras a ellos y a sus aportes.

Otra manera de mostrarle a tu equipo que los aprecias es asegurarte de mantenerte flexible y accesible para ellos. No importa que tan grande sea su compromiso contigo y con el proyecto, habrá ocasiones en que tendrán problemas familiares que se convertirán en su prioridad sobre todo lo demás. Es importante ser flexible y tomar medidas para mostrar cuánto valoras a cada uno de ellos.

- Establecer prioridades

También es primordial que seas capaz de priorizar tu carga de trabajo, tus objetivos y tu equipo. Esto debe involucrar la creación de un plan para cada día para crear la flexibilidad que te permita ajustar tu horario para atender cualquier evento nuevo o coyuntura.

Entender tus prioridades asegurará que te enfoques en una cosa a la vez, esta es una táctica esencial para completar las tareas; lograrás mucho más abordando un trabajo después del otro y dedicando el cien por ciento de tus esfuerzos en el presente.

Entender cual tarea necesita ser terminada le demostrará a tu equipo que eres un líder positivo y decidido, así los inspirarás.

Capítulo 3: Aprendiendo a comunicarte efectivamente.

La comunicación es vital para ser exitoso, tanto en los negocios como en tu vida personal. Es algo que hacemos cada día, puede ser tan simple como saludar a un colega o a un amigo, eventualmente puede tratarse de presentar un proyecto a un grupo de inversores o incluso dar un discurso en público, cualquiera que sea el evento, ser capaz de comunicarte efectivamente y de conquistar a tu audiencia son las habilidades más importantes de convertirte en un súper líder.

Las siguientes técnicas te ayudarán a convertirte en el mejor comunicador posible:

- Conversaciones Personales

Para tener buena conversación debes llevarla al nivel personal, no importa si le estás hablando a una persona o a cien, debes permitirle a la audiencia escucharte y mirarte como a una persona. La mejor manera de hacer esto es introducir una pequeña anécdota de ti mismo, una que muestre tu esfuerzo por sobrevivir a una gran adversidad y que explique la forma en cómo triunfaste, esto le mostrará a aquellos que te escuchen que eres una persona de verdad, que tiene la habilidad de sentir empatía con su audiencia y que es capaz de sentir empatía contigo.

Esto hará que sea más fácil comunicar tus ideas y ganar el apoyo requerido.

- Entiende a tu audiencia

No importa el tamaño de tu audiencia es fundamental entender que quieren obtener de la conversación. Esto le permitirá iniciar la conversación y controlar lo que ellos entenderán, no solo sabrás qué necesitan, sino que estarás en posición de proporcionárselos. Sugiriéndoles que desean, ellos estarán predispuestos a seguirte.

Saber qué es lo que busca alguien puede ser ventajoso en cualquier conversación, y también es extremadamente útil cuando negocias con proveedores, clientes y competidores.

Los mejores líderes saben cómo comunicar sus necesidades a otros e inspirarlos con su propia visión, este es el resultado de conocer a tu audiencia y sus necesidades mientras hablas con ellos a un nivel personal.

- Entiende tu lenguaje corporal

Tu cuerpo puede decir mucho acerca de tu actitud, perspectiva e incluso tu humor, es primordial que estudies los movimientos de tu cuerpo, uno de losmovimientos más obvios es la imposibilidad de quedarse quieto normalmente esta es una señal de nerviosismo, no obstante, puede ser visto como una señal de ser apasionado sobre algún tema. Cruzar los brazos a la altura de tu pecho es una postura defensiva y da una imagen desagradable y terca, no es una imagen que quieras proyectar cuando tratas de comunicarte con alguien.

Si estás inseguro del mensaje que tu cuerpo está enviando, entonces deberías repetir una conversación o discurso enfrente de un espejo, una vez que estés solo. Podrías sorprenderte de lo que transmite tu cuerpo, ser consciente de esto facilitará anular los efectos negativos y comunicar el mensaje correcto cuando nos dirigimos a los demás. Comunicarse bien es vital si tu deseas que la gente te vea como un gran líder.

- Sé directo

Una de las cosas más difíciles de hacer cuando discutimos un asunto importante con cualquier persona, es ser totalmente honesto. Por supuesto que hay ocasiones donde ser completamente honesto puede jugar en tu contra, sin embargo, generalmente se entiende que la mejor política mientras discutes un asunto es ser honesto sobre tus pensamientos y deseos y decirle a la otra parte exactamente lo que deseas obtener de la reunión (o conversación).

Esto garantizará que ambas partes sepan y entiendan sus motivaciones y posiciones. Entonces depende entonces de ellos si quieren trabajar contigo, al final le estas dando una advertencia clara de que tienes un objetivo y que ellos deben decidir cómo actuar en consecuencia.

- Escucha

Esta característica es esencial sin importa el papel que estés interpretando. De hecho, es la habilidad más subestimada, pero es la más útil al negociar con alguien más. Hablar es una parte esencial de la comunicación y para ello es necesario escuchar bien y absorber toda la información es fundamental.

Escuchar no solamente te permitirá entender los riesgos y deseos de la otra parte, también construirá una relación de confianza y respeto. Los otros verán que te tomas el tiempo para escucharlos y te valorarán en tu calidad de persona. Esto te hará parecer digno de confianza y la gente tiende a responder mejor cuando entra en confianza.

- Sé mente abierta

Para convertirte en un súper líder necesitas abrir tu mente a las oportunidades disponibles que surjan dentro de tu equipo o en alguna otra fuente. Tú debes mantener la mente abierta a los demás medios de comunicación, ya sean las redes sociales o un cartel en la cola de un avión.

El secreto no está en el método que utilices sino en entender cómo funciona cada espacio, cuál funciona mejor para ti y cuál es más relevante para tu proyecto. Mantener la mente abierta es darle a alguien la oportunidad de contribuir con tus ideas, sin importar su clase social o incluso la validez de la idea.

- Conoce a tu tema de conversación

Al comunicarte con alguien debes estar seguro de lo que dices antes de brindar alguna información, si no sabes de lo que estás hablando en frente de alguien que, si conozca el asunto con propiedad, esto arruinará tu credibilidad, la cual debes haber establecido bien llegados a este punto.

Entender de lo que estás hablando te permitirá responder preguntas en cualquier momento, sin importar si estás en un ambiente controlado o si te sorprenden de repente. Estar bien preparado todo el tiempo facilitará que aproveches cualquier oportunidad que se te cruce en el camino.

- Lee entre líneas

Es más recurrente de lo que pensarías, pero en las conversaciones del día a día y en un ambiente profesional, la mejor información no se encuentra en lo que la gente dice, sino enlo que deja de decir.

Puedes recolectar muchísima información si sabes cómo escuchar y entender lo que está implícito en el discurso de tus interlocutores. Esta habilidad puede sonar difícil, pero es sorprendentemente fácil de desarrollar, simplemente empieza por concentrarte en lo que la otra persona te está diciendo y luego compáralo con sus objetivos, allí veras los elementos que fueron omitidos en la conversación.

Entonces estarás listo para introducir esos elementos en tus propios términos haciendo muy difícil para la contraparte decir no.

- Sé flexible

Comunicarse con alguien requiere que seas flexible. Debes estar preparado a cambiar tu enfoque, particularmente si nueva información aparece y cambia la forma en cómo ves una situación.

Todas las conversaciones deben fluir libremente hasta que una solución aparezca naturalmente. La comunicación debe ser flexible y casi imposible de ser dirigida hacia una dirección equivocada. También es importante que notes que la comunicación puede ser completada de maneras diferentes y es importante ser flexible al elegir cuál es el mejor enfoque para cada situación.

- Cuídate de los malentendidos

Cuando discutimos algún tema o problema con alguien es bastante fácil que la otra parte no te entienda totalmente. El resultado de la conversación, que parecía obvio, cambiará. Serás capaz de monitorear un cambio extremadamente positivo o negativo en su comportamiento y respuestas, esto será señal de que la conversación se ha ido cuesta abajo súbitamente.

Debes ser capaz de corregir rápidamente el problema y dirigir la conversación hacia dónde debería llegar.

- Nunca culpes a los demás

Es muy fácil y comprensible, buscar a alguien a quien buscar cuando las cosas no ocurren según lo planeado, sin embargo, culpar a los demás crea un ambiente negativo para todos en el proyecto y no es productivo al comunicar y resolver los problemas. La mejor forma de hacer avanzar tu proyecto no es estancarse en lamentar los errores sino en buscar una salida posible para aprender cómo mejorar la comunicación y diseñar una solución para este problema en el futuro.

Culpar a otro o a muchos simplemente irá en detrimento de tu proyecto y evitará que progreses.

- Redes sociales

No toda la comunicación es verbal, o es transmitida por tu lenguaje corporal. La tecnología moderna ha llevado las redes sociales y medios de comunicación a cada persona en el mundo. Es fácil conectarse al internet y crear un perfil en todas las redes sociales disponibles.

Las redes sociales te brindan el poder y la oportunidad de alcanzar a miles de personas cada día. Sin embargo, debes considerar el mensaje y la imagen que estás transmitiendo, ser muy serio puede ahuyentar a muchos clientes, mientras que demasiado relajado no te hará ver muy profesional que digamos. Obteniendo el correcto balance puede ser increíblemente complicado, pero también te da la oportunidad de comunicarte efectivamente con muchos segmentos del mercado.

- Publicidad online

Otro método bastante productivo de comunicarse con tus clientes o con tus clientes potenciales es a través de la publicidad online, puede llegar a ser muy fácil crear ventanas emergentes con tu publicidad que aparezcan cuando la gente busque sobre ciertos temas o ciertas páginas web. Incluso puedes subir el nivel de interacción y presencia en internet de tu empresa y construir sobre tus cuentas un grupo de seguidores fieles a ti.

Cualquier ruta que elijas, al comunicarte con tus clientes, con los demás expertos en tu campo, o incluso inversores, el internet es una opción viable, pero en ocasiones, difícil, Las redes sociales dejan la puerta abierta para que la gente deje sus comentarios sobre tu empresa a la vista de todos, esto si no es manejado adecuadamente puede perjudicar tu imagen y reputación. De nuevo necesitarás manejar esta forma de comunicación con cuidado para asegurarte de que la imagen que proyectas es la deseada.

- El correo electrónico

Un correo electrónico puede ser enviado a cientos y a miles de personas. El proceso puede ser automatizado, simplemente creas el mensaje y selecciones a las personas a las cuales se lo quieres enviar. Para que esto funcione más eficientemente necesitas dividir a tus seguidores en grupos, preferiblemente por sus intereses o edades, esto garantizará que le envíes información relevante a cada seguidor.

Un correo electrónico es una poderosa herramienta, pero también es posible usarlo de manera incorrecta y causar un gran daño a tu perfil y a tus seguidores. De nuevo, debes encontrar el balance perfecto entre lo que es demasiado formal y lo que es demasiado informal, deben percibirte accesible pero no serás capaz de responderle individualmente a cada uno de tus seguidores, simplemente necesitarías invertir demasiado tiempo en esta tarea.

- Nunca le temas al silencio

Cuando nos comunicamos con los demás, ya sea conversando con alguien o dando un discurso, es importante reconocer que habrán ocasiones donde habrá silencios cortos. No hay nada que temer.

El silencio en cualquier forma de comunicación te permite revisar tus pensamientos y mantener la conversación bien dirigida. También le da a la audiencia la oportunidad de absorber la información para que formen su opinión, entonces el silencio asegura que todas las conversaciones sean significativas y útiles.

En términos de negociación, el silencio es a menudo un ingrediente esencial que sigue al hacer una oferta, usualmente la primera persona en romper el silencio es la primera en ceder, de hecho, el silencio puede ser una manera útil de transmitir cualquier mensaje.

- Anticipa

Una de las habilidades más importantes que debes aprender para asegurarte de tener la efectividad al comunicarte con un amplio rango de personas es la habilidad de anticipar lo que la otra parte necesita, quiere y está a punto de pedir. Puedes lograr entender y anticipar estos deseos investigando sobre la forma en como los demás hacen negocios y cómo reaccionan en ciertas situaciones.

Entender esto te permitirá crear el escenario correcto y asegurarte de que tu obtengas los resultados esperados, la mayoría de tu éxito será resultado de la planeación y del ambiente, no el resultado directo de tus palabras.

- La importancia del contacto visual

Cuando te comunicas en persona es fundamental mantener el contacto visual durante el mayor tiempo posible. Por supuesto demasiado contacto visual puede parecer intimidante eincómodo. No obstante, si lo haces bien, la gente automáticamente va a confiar en ti, ya que pensarán que eres abierto y honesto. La confianza es una parte integral de la comunicación te permitirá construir relaciones duraderas y obtener los resultados deseados cuando lidias con otras personas.

Uno de los mejores trucos en una situación uno a uno, es enfocarte en algún punto sobre los ojos de tu interlocutor, algún ligar en la frente esto facilitará que no te sientas intimidado por la otra parte al mirarlo fijamente. A la hora de dirigirte a un grupo debes escanear constantemente al grupo, pausando por pocos segundos en cada persona para asegurarte de que ellos sientan que estás creando una conexión directa con ellos.

- Practica discursos

Hablar en público es una parte aterradora, aunque necesaria de la comunicación con grupos. También es un rasgo clave que todo gran líder debe tener, es una habilidad fundamental que debes dominar para convertirte en un súper líder.

El miedo escénico tiende a ser el mayor problema cuando nos enfrentamos con un evento público. La mayoría de las personas se preocupará de cómo son percibidos y de que si su discurso es apreciado. Sin embargo un criterio básico para dar un buen discurso público es enfocarse en lo que tu audiencia espera obtener al escucharte. La atención no debe centrarse en gustarle a la audiencia pues que esto se da por sentado si tu discurso alcanzo sus expectativas.

Hablar en público es una manera efectiva de comunicarse con mucha gente al mismo tiempo. Es una habilidad que es mejorada con la práctica debes practicar presentando la información en unas fichas con palabras clave, estas deben ser suficiente para mantener tu discurso bien encaminado cuando no estás leyendo tu discurso. Mientras más practiques, más fácil y cómodo te sentirás al dar discursos.

- Sigue tus valores

Es esencial saber cuáles son tus principios y valores, y claro tratar de vivir según ellos. Esto te ayudará a convertirte en la persona que quieres llegar a ser, y para comunicarte efectivamente con los demás. La razón de esto es que mientras más te conozcas a ti mismo, a tus límites y a tus valores te sentirás más cómodo contigo mismo.

Conocerte a ti mismo te permite enfocarte en trabajar duro y mantenerte apegado a tus valores. Esto es una forma indirecta de comunicación que incrementará tu carisma y le hará mucho más fácil a los demás querer seguirte.

- Reconoce la importancia de las opiniones diferentes.

Cada miembro de tu equipo e incluso de tu audiencia tendrá una perspectiva diferente de la vida y por ende en una gama de opiniones diferentes. Cada una de esas opiniones son válidas y pueden ser una parte esencial del proceso de desarrollo.

Reconocer las diferentes opiniones y aprender a comunicarte con cada uno de ellos te permitirá sacarle el máximo provecho a los recursos que tienes a mano.

Capítulo 4: La importancia de entrenar a otros y aprender a Delegar

Entrenar a otros es una parte esencial de desarrollarse y comunicarse como individuo y como parte de un grupo. Un súper líder procurará impartir la sabiduría y el conocimiento que ha obtenido para asegurar que otros podrán seguir sus pasos, y si es necesario, continuarlo que él ha empezado. Los mejores líderes inspirarán a otros a asumir tareas que los seguidores pensarían que es imposible para ellos, incluso con un poco de entrenamiento será fácil con las habilidades que ya tienen.

Hay diferentes aspectos de entrenar y delegar efectivamente, usadas con propiedad estas habilidades pueden ser desarrolladas y mejoradas hasta formar a un grupo de personas que te asistirán para liderar tu equipo y alcanzar tus metas:

- Entiende las habilidades de tu equipo

Para poder apreciar y dirigir a tu equipo es primordial entenderlos y motivarlos. Esta es la mejor forma de conocer sus habilidades y descubrir cuál es el mejor enfoque para obtener resultados.

Una vez que tú entiendas de lo que tu equipo es capaz, podrás identificar donde puedes introducir las mejoras y cuál es el mejor método para implementarlas. Esta es la primera etapa del entrenamiento, identificar las necesidades y crear sobre sus habilidades actuales, esto garantizará que tu equipo esté en constante cambio y abierto a nuevas experiencias y metas.

En la mayoría de los casos tú equipo le dará la bienvenida a las responsabilidades adicionales y a las oportunidades. Presionar a tu equipo es la mejor forma de lograr que ellos siempre se desempeñen al máximo en el trabajo, esto significa que tú y tu proyecto se beneficiará con su crecimiento personal.

Entender a tu equipo y a sus habilidades especiales te permitirá ubicarlos en trabajos dentro o cerca de su área de confort mientras los entrenas gradualmente en una nueva área o mejoras sus habilidades naturales.

- Provee oportunidades de crecimiento y nuevos retos

El paso siguiente a determinar cuáles son las habilidades de tu equipo es crearlesoportunidades y retos. Muchas de las tareas que deben realizarse a diario pueden completarse de diversas formas, estas representan una oportunidad de aprendizaje que le permitirá a alguien, con la experiencia y actitud adecuada, realizarlas y encontrar su propia forma de enfrentar el desafío.

La marca un gran líder es que sea capaz de confiar estas tareas a su personal y también de guiar a su equipo incluso cuando tomaron el camino equivocado. Tú debes ser capaz de prever que tan lejos pueden ir antes de que necesiten de tu corrección y darles tanto apoyo como sea posible en el camino. Los mejores líderes no dictan que hacer, sino que guían a otros en la dirección correcta y les permiten cometer errores y aprender de ellos. Un súper líder no juzga los errores cometidos con las mejores intenciones, debes simplemente veras como una oportunidad de crecimiento e intentar otros retos.

- Ser considerado

Un gran líder siempre debe tener en cuenta la presión a la cual su equipo esta expuesto. Pero considerar a tu equipo es más que estar alerta, se trata de liderar con el ejemplo, de aprender a tener compasión y de crear una atmósfera en que cada quien esté consciente de sí mismo. Estas creando un ambiente en el cual cada miembro de tu equipo empieza a considerar a los otros en muchos niveles. Si cada miembro de tu equipo está cuidando de sí mismo y a los demás tienes el éxito garantizado, porque tu equipo estará unido y comprometido, listo para aceptar cualquier desafío.

Ser considerado es estar consciente del aquí y del ahora, a pesar de la necesidad de planificar, los objetivos y los sueños, es importante pasar tiempo simplemente existiendo en el momento actual. Crear esta atmósfera en tu equipo le permitirá a cada uno bajar sus niveles de estrés y estar conscientes de sus acciones, esto te permitirá a ti y a tu equipo reconocer sus propias fallas y descubrir las mejores formas de superarlas.

Entender estos factores te permitirá tener una gran claridad y enfocarte en lo que haces.

- Concentración

Entrenar a otros para que alcancen su máximo potencial es a menudo una tarea ingrata, ya que mucha gente cree que ya es perfecta o simplemente no están interesados en mejorar. Uno de los principales objetivos de cualquier sesión de entrenamiento es permitir a tu equipo la oportunidad de despejarse de las presiones del trabajo y concentrarse en actividades cotidianas. Es esencial enfocar cada parte del día y valorar lo que puedes haber aprendido.

Esta atención al detalle forzará al cerebro a enfocarse en una cosa a la vez y tu podrás encontrar algunas sugerencias e ideas que simplemente aparecerán en tu cabeza. Esta es una buena señal de que el entrenamiento está funcionando y que tu estas permitiéndole a tu creatividad e inspiración hacer su magia.

- Atento a las oportunidades

Para garantizar que obtienes el máximo de tu equipo, tanto para ti como para el bien del grupo, necesitas estar alerta a cualquier oportunidad que se te presente. De hecho, la idea de que todo pueda ser visto como una oportunidad es un principio básico del desarrollo de tu equipo. La gente que lidia con los procesos diarios usualmente serán los que vean más oportunidades, así sea ahorrar dinero o enfocarse en una nueva dirección.

Tu equipo necesita desarrollar su consciencia del mundo que les rodea y de cómo el público en general reacciona a las ideas y aspiraciones del negocio en el que creen. Esto les ayudará a enfocar su mente en lo que funciona y en lo que no, lo cual significa que los futuros proyectos pueden ser más efectivos priorizados y empezados según las tendencias actuales.

- Tener metas flexibles

Parte del entrenamiento de un equipo y de ser un gran líder es inspirar a tus seguidores, pero también recordarles que nada es estático, cada meta se mueve dependiendo de las influencias externas y de los cambios de perspectivas que surjan en la organización, es importante que cada miembro de tu equipo comprenda no solamente las metas que tú persigues sino que también los principios que rigen dichos objetivos. Esto asegurará que sean capaces de reaccionar ante cualquier cambio y que sugieran formas de mejorar o modificar las metas para alcanzar mejores resultados.

Al entrenar a tu equipo en la práctica y observar y evaluar las metas te quitarás una gran presión de encima y podrás disfrutar enfocándote en el desarrollo del proyecto y la meta mayor.

Puedes incluso garantizar que tu equipo entienda que no existe nada parecido a un negocio o vida estática, siempre hay algo que está cambiando y debes aprender a fluir con el cambio y convertirlo en la mejor oportunidad posible.

Una parte secundaria de esta habilidad es enseñar a tu equipo el valor de trazarse sus propias metas y regularmente evaluarlas. Los mejores líderes y entrenadores animarán a su equipo a alcanzar y rebasar cualquier meta.

- Entendiendo los principios básicos del liderazgo

Quizás una de las habilidades más importantes que todo líder debe transferir a su equipo y a aquellos a su alrededor es entender los principios detrás del liderazgo. Un gran líder debe ser justo, entender, y ayudar a guiar a sus seguidores en susvidas. Sin importar el número de desafíos que enfrentarán cualquier líder debe estar preparado para enfocarse en su equipo y ayudarlo a alcanzar sus metas, incluso si la recompensa es tan solo su gratitud.

Guiar a otros significa dejar un ejemplo para los demás y aceptar que esto no siempre será fácil y que otros no siempre serán capaces de seguirte el paso como te gustaría que lo hicieran.

Sin embargo la marca de un gran líder es el optimismo y la creencia que ellos transmiten, que todos tienen la capacidad de hacer grandes cosas y con un poco de ayuda y orientación querrán hacerlo.

Por supuesto si alguien simplemente requiere de instrucciones también pueden ser considerados como miembros valiosos del equipo, un gran líder entiende las fortalezas y debilidades de cada persona a su cargo y planifica con base en eso.

Entrenar a tú equipo en los roles y principios del liderazgo los ayudará a entenderte a ti y a tu posición, lo cual a la larga los convertirá en mejores líderes.

- Aprendiendo a comunicarse

Como ya hemos discutido, la comunicación es una de las características más importantes de cualquier súper líder. También es esencial inculcar en otros esta manera de pensar y asegurar que todo tu equipo entiende el poder de la comunicación. Hay diferentes métodos de comunicarse con otros, va desde simples conversaciones. Juntas, correos electrónicos o servicios de atención al cliente. El principio más importante al cual debemos ceñirnos es a que cada parte de la comunicación debe ser conducida de una manera positiva. Ser positivo es esencial para construir una relación con la otra parte y de obtener resultados mutuos y satisfactorios.

El mismo principio aplica a todos los niveles de la comunicación y es importante construir un entendimiento de las señales visuales que el cuerpo da cuando la gente está discutiendo cosas importantes para ellos. Reconocer estas señales garantizará que conectes con tu interlocutor y obtengas el resultado que quieres o necesitas. Escuchar todo lo que es dicho es una parte importante de comunicarse y es una lección fundamental que enseñar a tu propio equipo.

Mientras más emulen tus propios estándares y comportamiento más consciente estarás de que ellos han adoptado el enfoque correcto para comunicarse con otros.

- Entrenar como fuente de información

Compartir tu conocimiento y técnicas a otros es una excelente forma de transmitir esta información y asegurar que esté disponible para las futuras generaciones y garantizar que estás creando líderes para el futuro. Estos líderes pueden sobrepasar tus propias habilidades y capacidades e ir mucho más allá de lo que tú jamás soñaste, Sin embargo, enseñarles las habilidades necesarias para convertirse en grandes líderes por si mismos también crea una oportunidad para que tu conectes con tu equipo a un nivel personal y entiendas como funcionan y como viven y recolectar una gran cantidad de información útil. Mientras más entiendas a tu equipo será más fácil entrenarlos para ayudarlos a convertirse en mejores personas.

Es importante que le enseñes a tu equipo a cómo manejar e interpretar información, ellos podrían tener problemas para manejar más de un punto de vista y tu puedes darles esta supervisión haciendo las preguntas correctas. Delegando decisiones a tu grupo asegurarás que ellos se den cuenta de la responsabilidad que recae sobre ellos. Esto creará un sentimiento de auto superación en tu equipo y los animará a tomar más y más responsabilidades y dedicarse en gran medida al equipo.

- El arte de delegar

Muchos gerentes se encargan de tareas muy pequeñas, y son extremadamente reacios a entregar el más mínimo control a otros miembros del equipo. Esta puede ser señal de que se tiene una creencia de que nadie más puede hacer el trabajo tan bien como tú podrías, o puede significar que se teme a no ser necesario si delega demasiado. De hecho, Los mejores líderes aprenden a delegar todo el tiempo. Si al final del día no queda trabajo por hacer, entonces habrás hecho un buen trabajo entrenando a tu equipo a encargarse de las tareas diarias, y esto te dejará libre para enfocarte en mantener a tu personal feliz y asegurándote de que el proyecto o negocio está bien encaminado.

Mientras más grande se vuelve el proyecto, más importante es delegar tantos roles y tantas tareas sea posible, simplemente será imposible que sumas todo tu mismo y que al mismo tiempo estés enfocado en las metas, y el progreso y satisfacción de tu equipo.

Los mejores líderes tomarán las tareas que sean más adecuadas para ellos y pasarán a otros las actividades para las cuales están calificados proveyendo entrenamiento si es necesario para asegurar que tienen las habilidades necesarias para completar las acciones requeridas. Esto es más que solo delegación, es la combinación de todas las habilidades de entrenamiento, pues se trata de que tu equipo se vuelva capaz de dirigir el proyecto a buen puerto sin la necesidad de que tú estés presente. El objetivo final es ese, asegurarte de que tu equipo puede mantener el proyecto a flote sin tu intervención.

A pesar de la gran importancia de delegar, esta habilidad es a menudo una de los atributos más difíciles de aprender y enseñar a otros. Las siguientes técnicas pueden ayudarte a convertirte mejor delegando:

Evalúa las tareas que te toman más tiempo durante la semana, considera cuanto tiempo te toma cada una y cual nivel de habilidad es requerido para hacer el trabajo adecuadamente. Entonces piensa sobre que mas podrías hacer con ese tiempo. Te darás cuenta de que ese tiempo puede ser utilizado más productivamente y esto te convencerá de que debes delegar esta tarea a algún miembro del equipo. La parte más difícil es decidir a cuál miembro del equipo le debes confiar esta labor.

Instruye muy bien al miembro elegido, debes estar seguro de que él entiende lo que se espera de él y de que debe continuar haciendo el trabajo de la forma en cómo tú lo habías venido haciendo. Debes estar abierto a la idea de que cambie el método y de resultados que sean adecuados según los parámetros establecidos, Sin embargo, ningún empleado debe cambiar el sistema sin haberlo usado por una cantidad de tiempo adecuado, esto garantizará que ellos entiendan las ramificaciones y consecuencias de cambiarlo.

Una tarea debe ser delegada a tiempo. Esto te ayudará a sentirte más cómodo sobre alguien más realizando una de tus tareas y te permitirá vigilar muy de cerca los resultados. Cuando la primera tarea es completada exitosamente entonces tu puedes empezar a planear la próxima tarea a delegar, gradualmente el ritmo de la delegación incrementará cuando entregues todas las tareas cotidianas, y tú estarás tan ocupado como siempre. La clave de delegar con éxito es asegurarse de que los miembros elegidos entienden totalmente lo que se espera de ellos y que trabajen por el mismoobjetivo que tú y el resto del equipo.

Delegar algo no es probablemente una habilidad que muchos dueños de negocios tienen en abundancia. Sin embargo, es una habilidad esencial a dominar y que te permitirá enfocarte en las cosas que son relevantes para tu proyecto.

Capítulo 5: Motivarte a ti mismo y a aquellos a tu alrededor.

Cuando inicia un proyecto es muy fácil estar motivado y trabajar duro para alcanzar el éxito y hacer despegar el proyecto. Desafortunadamente, una vez que el proyecto está en marcha puede ser difícil mantener el ímpetu, habrán muchos asuntos que demandarán tu tiempo y habrá una gama de dificultades que superar, posiblemente serán problemas personales. Cada cosa que tome tu tiempo hará más difícil que te concentres en el objetivo final y esto puede llevarte a la procastinación a la primera oportunidad que tengas.

Existe una variedad de recomendaciones que deberías seguir si quieres seguir motivado y si quieres ser capaz de motivar a tu equipo:

- Mini-Objetivos

Puede ser muy difícil encaminarse a un gran objetivo que podría alcanzarse o no y que solamente es una posibilidad en algún punto en el futuro. Para seguir motivado y evitar el estancamiento, lo mejor es separar tu gran proyecto en varias partes y proponerte a alcanzar objetivos pequeños.

Estos objetivos deben ser tan minúsculos que puedan alcanzarse en una semana y debes darte una recompensa cada vez que alcanzas un objetivo. Al mismo tiempo estarás avanzando cada semana y te mantendrás motivado.

Los objetivos pequeños deben hacerse más grandes de forma gradual así garantizarás que cada quien sabe hacia dónde se dirige el proyecto y cuál es el resultado esperado.

- El juego

Otro buen enfoque es convertir al proyecto en un juego, estousualmentees una manera efectiva de asegurarte de que no solamente cumplirás tus metas, sino que harás mucho más trabajo del que necesitas realizar. El juego más simple es plantearte un objetivo simple, como trabajar hasta tarde cada día o incluso llegar más temprano.

Incluso puedes subir la apuesta un poco y tratar de culminar tareas específicas en menos tiempo del que acostumbras pero manteniendo la misma calidad.

Otra versión del juego es completar una tarea específica de una forma diferente a la usual sin afectar el resultado y asegurándote de que no te tome más tiempo del que normalmente gastas. Esto puede poner tu cerebro a trabajar mientras necesitas entender exactamente como se cumplen los procesos en tu proyecto para encontrar una solución alternativa.

- Fechas de limite

Una de las maneras más efectivas de aumentar la cantidad de trabajo producido y asegurar que no tengas retrasos es visualizar cada día de trabajo como la última oportunidad de terminar un proyecto específico. Trabajar como si tuvieras una fecha de entrega puede crear la presión necesaria para que algunas personas se sientan cómodas, incluso si es un ambiente de trabajo más estresante del que estas acostumbrado.

Esto no es algo que se recomienda hacer cada día, no solamente aumentará el estrés alque estás sometido, también es posible que disminuya la calidad de los bienes que estás produciendo.

Puede ser una herramienta útil cuando es utilizada para motivarte a alcanzar tu meta.

- Actitud positiva

Este es un rasgo esencial de la actitud "todo es posible". Sin importar que tan mal se ponga cualquier situación siempre debes mirar el lado positivo y encontrar algo en lo cual concentrarte. Esto puede ayudarte a motivarte porque te sentirás optimista sobre el futuro. Esta pequeña cantidad de positividad te permitirá seguir adelante y llegar a tu meta final, manteniendo tu proyecto bien encaminado.

Una actitud positiva también se contagiará a las personas involucradas en el proyecto, haciéndolas sentir bien y dándoles un sentimiento de pertenencia.

El poder de la actitud positiva nunca debe ser subestimado. Si la gente se siente bien siempre se sentirán capaces de hacer más, sin importar la situación.

- Distracciones

Una de las mayores razones por las cuales un proyecto no sigue su agenda predeterminada son las distracciones. Cualquier cosa puede llegar a ser una distracción, desde un hombre montando un monociclo hasta ver un video sobre pesca.

Las mayores distracciones son los objetos mundanos en tu oficina, tu taza de café o un buscador de internet. Puedes perder tiempo, limpiando tu tasa o buscando alguna cosa en internet, la lista de cosas que parecen importantes parece crecer rápidamente y robar tu atención de los asuntos del proyecto, No importa que tan buenas sean tus intensiones, habrá algo que te puede distraer.

La ruta más segura es quitar todos los objetos que potencialmente pueden generar una distracción y atentar la concentración de tu equipo en el proyecto. SI bien esto parece una buena idea, puede ser difícil de lograr, una mejor tatica puede ser estudiar la tarea que debes realizar y dividirla en pequeñas metas, esto puede aumentar tu motivación para cada tarea, como puedes terminar tareas simples y pequeñas tomando una a la vez, querrás hacerlo rápidamente.

- Trabajar duro

Uno de los mayores problemas de muchos proyectos es su tamaño. La manera más simple de ajustar lo es dividir el trabajo en diferentes tareas y delegarlas. Sin embargo, incluso este enfoque, aunque más estimulante, puede sucumbir en la falta de motivación. En vez de enfocarse en una parte pequeña del plan, puede ser más beneficioso separar al plan en minúsculas partes y motivarte a timar una sección del proyecto a la vez.

Es mucho más fácil estar motivado por algo que puede ser completado en un día que por algo que va a requerir mucho más tiempo. Tendrás una sensación de satisfacción cada día y cada vez que alcances un objetivo estarás más cerca de completar todo el proyecto.

- Ten un propósito

Para ser de verdad capaz de completar un proyecto y de mantenerte motivado necesitarás definir el propósito de tu proyecto y recordártelo con regularidad. Puedes usar notas que te ayuden a recordar por qué estás asumiendo tú proyecto y que tan cerca estás de alcanzar el resultado.

Mucha gente asume proyectos que le gustan y esto les facilita sentir pasión por ellos. Pero si tu proyecto se relaciona con algo que realmente te apasiona, necesitarás recordarte con regularidad tu propósito, esto garantizará que te mantengas enfocado en terminar el proyecto a tiempo.

- Sal de tu zona de confort

Todos tenemos nuestra zona de confort, las cosas que hacemos a diario son las cuales con las que nos sentimos más cómodos, son actividades familiares y pueden ser parte de nuestro propio ritual cotidiano. Mientras más tiempo gastes en un proyecto mayor se hará tu zona de confort y te sentirás menos motivado. Esto generalmente significa que tendrás un enfoque más relajado del proyecto y que tengas retrasos en la fecha de entrega esperada.

Para mantenerte motivado y concentrado es esencial que te desafíes a diario. La mejor manera de hacer esto es retarte a hacer cosas a las cuales no estás acostumbrado. Esta tarea puede estar atada a la culminación de alguna actividad diaria o mini-objetivo, haciendo que el desafío sea una forma útil de mantenerte enfocado mientras expandes tus horizontes.

La voluntad de intentar cosas nuevas no solo te ayudaráa seguirmotivado sino que también inspirará a tu equipo a retarse y se mantendrán motivados por tus acciones.

- La pasión

Es casi seguro que hayas iniciado este nuevo proyecto porque tenías cierto interés en un asunto en particular, o un deseo que querías transmitir a otras personas. Es fundamental que mantengas esa pasión viva mientras trabajas en el proyecto. Esto no será difícil si de verdad sientes pasión por el proyecto. Si empiezas a dudar o a decaer, debes recordarte a ti mismo cuanto y por qué amas tanto este tema en particular.

Es esencial dejar que todos vean tu pasión, debes dejar que la gente vea cuan emocionado estás y cuanto disfrutas lo que estás haciendo. Los demás responderán a esto y se interesarán más en el asunto, también pueden sentirse motivados a dar lo mejor de sí para cumplir tus objetivos que ahora son de ellos también. Esta es otra manera de liderar con el ejemplo, simplemente dejar que los otros vean tu pasión y dejar que ellos respondan positivamente.

- Aprende cada día

Una de las lecciones más importantes que debes aprender es que no lo sabes todo. Siempre debes intentaraprender algo y cada día trae consigo una variedad de nuevos retos, estos pueden ser manejados de diversas maneras.

Tu equipo reconocerá que estas abierto a nuevas ideas y opiniones y no temerán expresar las suyas. Esto debe llevar a discusiones abiertas y francas sobre el futuro del proyecto y todos los participantes debe ser capaces de aprender de esto.

Aprender algo nuevo cada día garantizará que mantengas tu pasión sobre el proyecto y te motivará a buscar siempre nuevas técnicas y métodos. Este enfoque inspirará a tu equipo a seguirte, La humildad es también un importante principio de liderazgo.

- Nunca te rindas

Siempre habrán ocasiones donde las cosas vayan bien y puede parecer imposible continuar. Pero un buen líder no está listo para rendirse. Estono significa intentar obstinadamente algo que claramente no está funcionando. Significa que debes mantenerte alerta en todo momento, para que puedas considerar todas las opciones y de las oportunidades, usándolas para encontrar una forma de seguir adelante.

Dedicarte a tu proyecto e imaginar el resultado final te ayudará a inspirarte a continuar. Puede ser útil desarrollar un mantra personal que recites cada vez quenecesites recordarte por que lo estás haciendo. Puedes llevar este mantra mentalmente o puedes reproducirlo en lugares especiales en tu espacio de trabajo, servirá para motivarte.

Si muestras determinación para encontrar una forma de seguir adelante con tu proyecto, entonces los demás te seguirán naturalmente y compartirán tu deseo. Ellos creerán que es posible simplemente porque así tú lo crees también y eso te abrirá muchas puertas.

- Toma tiempo para ti

Para mantenerte motivado y hacer que tus seguidores sigan estándolo es esencial que te consientas ocasionalmente. Si te obsesionas con un proyecto más temprano que tarde te estancarás y no serás capaz de ver la salida.

Cada pequeño logro debe ser celebrado, tanto como los grandes, pero incluso es más importante buscar la forma de recompensarte cada semana, idealmente esto debería ser tener algún tiempo lejos del proyecto haciendo algo que amas. Claro que quieres ponerle todo tu esfuerzo al proyecto pero te sorprenderás de lo fácil que se vuelve cuando tienes un cambio de perspectiva cada semana. Esto te ayudará a enfocar tu mente y te permitirá ver todas las opciones, también te refrescará y te mantendrá entusiasmado y motivado.

Conclusión

Convertirse en un gran líder no es algo que puedas hacer de la noche a la mañana, tampoco es algo con lo que se nace, de hecho los líderes más grandes no se ven como líderes a sí mismos. Esto es porque un verdadero súper líder buscará mejorar constantemente sus habilidades de liderazgo y aprenderá como ayudar a sus seguidores. Un súper líder reconocerá que no pueden forzar a nadie a seguirlos, deben lograr que lo hagan por su propia voluntad. Un súper líder es humilde y aprecia los aportes y el potencial que los demás pueden agregar a un proyecto. También están dispuestos a mostrar su entusiasmo y energía, sabiendo que esto hará que los demás se sientan igual.

Los mejores líderes se hacen con el tiempo y ellos saben que pueden cometer errores, a su vez están preparados para aprender de ellos y seguir adelante. Este libro te servirá de guía mientras desarrollas tu liderazgo utilizando los rasgos más deseados.

Es esencial entender que hay atributos claves que todo súper líder debe desarrollar y exhibir para asegurar que los otros quieran seguirlo y asistirlo en sus proyectos. Cada habilidad de gerencia puede ser aprendida y debe ser mejorada constantementepara asegurar que eres el mejor gerente posible. Mientras mejores en manejar personas, más sincronizadoestarás con sus esperanzas y deseos, entonces sabrás como motivarlos para alcanzar los mejores resultados posibles, para ti y para ellos. Un genuino interés en tu equipo y en su desarrollo personal es esencial para convertirte en un súper líder.

El libro también debe ilustrarte la importancia de comunicarte efectivamente y esto frecuentemente se logra al aprender a escuchar y a pensar antes de hablar. En otros momentos cuando todos están esperando por tus sabias palabras debes parecer que sabes lo que haces y debes parecer confiado, sin importar como te sientas realmente. Mucha de lo que comunicas parte de lo que escuchas y de lo que aprendes de otros, esto garantizará que tú hayas garantizado todos los puntos de visitantes de decidir cuál curso de acción tomar.

Una parte esencial de este proceso es guiar y asistir a los miembros de tu equipo en su desarrollo personal y profesional. Debes estar preparado para delegar la responsabilidad a ellos y permitirles crecer como individuos. Esto garantizará que se mantengan leales y dedicados al proyecto. Ser capaz de dejar ir y de confiar en tu equipo es una habilidad esencial si quieres ser un súper líder.

Finalmente, este libro te habrá mostrado que tan importante es que te mantengas a ti mismo y aquellos que te rodean motivados, sin importar cuales obstáculos se crucen en tu camino, un equipo dedicado y bien dirigido puede lograr, bajo tu mando, lo que parece imposible. Si tú puedes inspirar esta reacción en la gente entonces estás en camino de convertirte en un gran líder.

www.ingramcontent.com/pod-product-compliance
Lightning Source LLC
Chambersburg PA
CBHW072017070526
44583CB00015B/1521